公式
日本城郭検定
過去問題集
改訂新版

― 準1級・2級・3級編 ―

JN016817

ONE PUBLISHING

©Nippan Segmo

はじめに

　城は我が国を代表する文化遺産であり、観光のシンボルであると共に、地域の人々の心の拠り所となる存在です。そんな城をこよなく愛する人たちに贈る検定が「日本城郭検定」です。

　検定は、1級～3級までに分かれ、子どもからプロレベルまでの皆さんがチャレンジ出来るようになっています。受験をめざす皆様からの強い要望にお応えして、今回、傾向と対策を兼ねて、過去問の中から間違いやすい箇所、基礎となる用語や歴史的事象について解説を加えた『過去問題集』の改訂版を刊行させていただくことになりました。私も、準1級と1級の中から、重要ポイントをピックアップし解説してあります。ぜひ参考にして合格を引き寄せていただきたいと思います。

　過去問題を紐解いてみてください。城をこよなく愛する皆様が引き込まれる問題ばかりです。知識として知っておけば、今まで以上に全国のお城を訪ねて回る楽しさが増してくるはずです。様々な問題を解き、城の魅力を知れば知るほど、その奥深さに魅了され、ますます上級合格を目指す気持ちが高くなってきませんか。知れば知るほど、城が身近にあることに気付くはずです。

　今後、さらに魅力ある検定を目指していきますので、皆様ぜひ検定1級合格を目標に頑張ってください。

日本城郭協会理事・学術委員会副委員長

加 藤 理 文

●各級のレベル・出題内容と平均合格率

3級 （初級レベル）	お城が好き、歴史が好き、知識を得ることでもっとお城を楽しみたい方を対象とした**初級レベル**。城の総合知識（分類／歴史／地域文化／城造り／文化財としての城／城と災害・信仰／城の鑑賞・文化）と日本城郭協会が認定する日本100名城の個別城郭の知識を中心に、続日本100名城の個別城郭の知識も一部問う。	平均合格率 **82.8**%
2級 （中級レベル）	全国のお城を訪ねて周る、歴史から各要素まで奥深く知識を探求したい方を対象とした**中級レベル**。城の総合知識（分類／歴史／地域文化／城造り／文化財としての城／城と災害・信仰／城の鑑賞・文化）と日本城郭協会が認定する日本100名城と続日本100名城の個別城郭の知識を問う。	平均合格率 **73.6**%
準1級 （武者返級難関レベル）	お城を巡る時は必ず攻める側、守る側の気持ちになってお城を探索するような"つわもの"たちを迎えうつ**武者返級難関レベル**。3級・2級の範囲と合わせて、事前に提示される"今回のテーマ"より重点的に出題。また、日本100名城以外のお城からも一部出題。	平均合格率 **35.8**%
1級 （専門家レベル）	城全般に関して広範で奥深い知識を持つ**専門家レベル**。準1級～3級範囲すべてと、城のうんちくや時事情報を含め、城に関するあらゆることを問う。	平均合格率 **4.9**%

「日本城郭検定公式サイト（2023年2月時点）より」

▊過去問題集について

　この『公式日本城郭検定過去問題集 改訂新版―準1級・2級・3級編―』は、第17回から第20回の日本城郭検定に出題された、2級（中級）、3級（初級）および第20回出題の準1級（武者返級）の問題を掲載しています。

　計9回分900問を解き進めれば、頻出問題や出題傾向もおわかりいただけるでしょう。

　解答・解説ページには、重要ポイントのほか除外問題などにも解説を加えています。城郭用語等をより詳しく理解されたい方は、『よくわかる日本の城　日本城郭検定公式参考書』『お城のすべて』『日本100名城公式ガイドブック』『続日本100名城公式ガイドブック』『日本100名城と続日本100名城めぐりの旅』などの検定公式・公認テキストやサポートブックをご覧ください。

　巻末には、1級の問題を10問掲載しています。平均合格率が1ケタ台の「専門家レベル」の難問に、ぜひチャレンジしてみてください。

●受験者層（男女比・年代比）

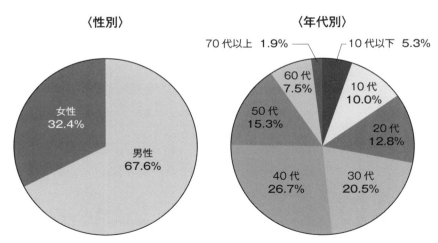

〈性別〉

女性 32.4%
男性 67.6%

〈年代別〉

70代以上 1.9%
10代以下 5.3%
60代 7.5%
10代 10.0%
50代 15.3%
20代 12.8%
40代 26.7%
30代 20.5%

最近の歴史ブームの影響か、お城好き女性の受験が目立ちます。
また、年代は30代以上の大人世代が中心ですが、10代やさらに若い年代の方も増えてきています。

（日本城郭検定運営事務局調べ）

—— 目 次 ——

日本城郭検定
公式キャラクター
シロップ(仮)

© Nippan Segmo

解答用紙 【 　　級 ／ 第 　　回】

月 　　日 　／100問

問001		問026		問051		問076	
問002		問027		問052		問077	
問003		問028		問053		問078	
問004		問029		問054		問079	
問005		問030		問055		問080	
問006		問031		問056		問081	
問007		問032		問057		問082	
問008		問033		問058		問083	
問009		問034		問059		問084	
問010		問035		問060		問085	
問011		問036		問061		問086	
問012		問037		問062		問087	
問013		問038		問063		問088	
問014		問039		問064		問089	
問015		問040		問065		問090	
問016		問041		問066		問091	
問017		問042		問067		問092	
問018		問043		問068		問093	
問019		問044		問069		問094	
問020		問045		問070		問095	
問021		問046		問071		問096	
問022		問047		問072		問097	
問023		問048		問073		問098	
問024		問049		問074		問099	
問025		問050		問075		問100	

※コピーをして解答用紙としてご利用ください。
※実際の形式は番号を塗りつぶすマークシート方式になりますので、ご注意ください。

日本城郭検定
3級問題

全100問（70問以上正答で合格）
試験時間60分

1回目	月	日	／100問
2回目	月	日	／100問
3回目	月	日	／100問

※6ページの解答用紙をご利用ください（実際の試験はマークシート方式です）。
※複数回答の可能性が指摘された問題に関しては、一部改訂を加えてあります。

解答・解説 ➡ 197ページ

問001

「普請」についての説明で間違いはどれか。
① 曲輪の造成工事を行う
② 堀の構築工事を行う
③ 石垣の構築工事を行う
④ 櫓などの構造物を建てる

問002

松前城の現在の天守は昭和35年（1960）に再建されたが、最初の天守が失われたのはいつか。
① 戊辰戦争で焼失
② 明治の廃城令で破壊
③ 太平洋戦争で焼失
④ 昭和24年（1949）に焼失

問003

沖縄のグスクで、「大曲り」と称される長大な城壁が残るのはどれか。
① 今帰仁城
② 座喜味城
③ 中城城
④ 首里城

問004

歌人石川啄木が「不来方のお城の草に寝ころびて―」と詠った城はどれか。
① 仙台城
② 弘前城
③ 小諸城
④ 盛岡城

問005

御式台、外御書院、御座間などから構成される本丸御殿が平成16年（2004）に再建された城はどれか。
① 名古屋城
② 佐賀城
③ 川越城
④ 掛川城

問006　旭川の流れを変えて城の背後を守る水堀として利用している城はどれか。
①大洲城
②浜松城
③吉田城
④岡山城

問007　江戸時代初期、キリシタンや農民による島原・天草一揆の舞台となった城で、平成30年（2018）、世界遺産に登録された城はどれか。
①熊本城
②島原城
③原城
④立花城

問008　平成9年（1997）に本丸南御門、五の平櫓、六の平櫓などが復元された城はどれか。
①金沢城
②松山城
③備中松山城
④新発田城

問009　関ケ原の戦いで、城主織田秀信は西軍につき、その後東軍の池田輝政に攻められ開城、廃城になった城はどれか。
①大垣城
②大津城
③津城
④岐阜城

問010　丸岡城天守（写真）のように板を張った外壁は何というか。
①下見板張
②板壁造り
③海鼠壁
④築地壁

問011

弘前城は桜の名所として有名だが、この桜が植えられた時代はどれか。
① 江戸時代
② 明治時代
③ 大正時代
④ 昭和時代

問012

徳川家康が武田信玄との三方ヶ原の戦いで敗れ、逃げ帰った城はどれか。
① 岡崎城
② 浜松城
③ 駿府城
④ 長篠城

問013

東北地方の城は土塁造りの城が多いが、石垣造りの城もある。東北の石造り三大城郭とされるのは盛岡城、会津若松城のほかどれか。
① 白石城
② 白河小峰城
③ 山形城
④ 秋田城

問014

復元された御殿の中で昭君之間がある御殿はどれか。
① 名古屋城御殿
② 佐賀城御殿
③ 掛川城御殿
④ 熊本城御殿

問015

城の始まりとされる吉野ヶ里遺跡の発掘調査で確認されていないものはどれか。
① 濠
② 柵
③ 望楼
④ 石垣

問016　江戸城の百人番所の説明で正しいものはどれか。
①譜代大名家臣100人が警備
②旗本100人が警備
③甲賀組・伊賀組等100人が警備
④与力・同心100人が警備

問017　元和3年（1617）、初代城主小笠原忠政に招聘された剣豪宮本武蔵が築庭や城下の町割に関わったと伝えられる城は、次のうちどれか。
①福山城
②明石城
③赤穂城
④小倉城

問018　三重櫓の説明で誤っているのはどれか。
①三重櫓は最高格式の特別な櫓とされる
②現存最大の三重櫓は熊本宇土櫓の三重五階である
③大きさは小型の天守と並ぶほどである
④新旧を問わず一重目と二重目は同じ大きさである

問019　文豪島﨑藤村が『千曲川旅情の歌』の中で「古城のほとり雲白く」と詠った城跡はどれか。
①木曾福島城
②小諸城
③上田城
④松本城

問020　慶長16年（1611）、徳川家康が豊臣秀吉の遺児、19歳になった豊臣秀頼と会見した城はどこか。
①大坂城
②伏見城
③二条城
④淀城

2級問題

準1級問題

解答・解説

1級問題

問021

五稜郭のような西洋式の星形城郭は何と呼ぶか。

①英国式

②稜堡式

③砲台式

④5郭式

問022

関ケ原の戦いの戦功で入封した森忠正が築いた城で、石垣を雛壇のように積んだ曲輪が「一二三段」と呼ばれる平山城はどれか。

①津山城

②丸亀城

③岩国城

④七尾城

問023

木下藤吉郎が清洲城の土塀修理で用いたと伝わる工事法で、のちに天下普請でよく使われた、工区分担による工事法を何と呼ぶか。

①太閤普請

②区分け普請

③割普請

④競争普請

問024

北武蔵の戦国時代の平山城で、北条氏邦が改修したが、秀吉の小田原攻めで落城したのはどれか。

①八王子城

②金山城

③鉢形城

④箕輪城

問025

典型的な海城で、堀には海水が取り入れられ、月見櫓（着見櫓）が現存する城はどれか。

①高松城

②今治城

③赤穂城

④米子城

問026　写真の櫓は彦根城を代表する櫓だが、それはどれか。

①太鼓門櫓

②多門櫓

③西の丸三重櫓

④天秤櫓

問027　城の縄張分類で、曲輪の配置状況から連郭式・梯郭式・輪郭式・円郭式などと分類するが、組み合わせが間違っているのはどれか。

①連郭式—高知城

②梯郭式—彦根城

③輪郭式—駿府城

④円郭式—田中城

問028　織田信長は勢力拡大に伴い次々と城を築いたが、信長の築城でないのはどれか。

①名古屋城

②小牧山城

③岐阜城

④安土城

問029　各地のお城で、城に関連する（ご当地）キャラクターを制定しているが、下記の組み合わせで間違いはどれか。

①熊本城—ひごまる

②姫路城—しろまるひめ

③彦根城—ひこにゃん

④会津若松城—くろかんくん

問030　本丸から瀬戸内海や瀬戸大橋が見える城はどれか。

①丸亀城

②宇和島城

③洲本城

④三原城

問031

写真は国宝松江城天守だが、天守は何重か。

①四重

②五重

③六重

④七重

問032

武田氏最後の城となった新府城の築城者は誰か。

①武田信虎

②武田信玄

③武田勝頼

④真田昌幸

問033

明石城には2基の三重櫓が現存、そのうちの一つ坤櫓は伏見城からの移築とされているが、坤櫓とは城のどの方角に建てられているか。

①北東

②北西

③南西

④南東

問034

写真は金沢城の五十間長屋と櫓だが、右端の櫓の名前はどれか。

①平櫓

②太鼓櫓

③伏見櫓

④菱櫓

問035

名古屋城で清洲櫓と呼ばれている櫓はどれか。

①西北隅櫓

②西南隅櫓

③東南隅櫓

④東北隅櫓

問036　多雨地帯であるため石樋、長押型水切、水受けの敷石などで排水対策が施されている城はどれか。
①松山城
②平戸城
③高知城
④人吉城

問037　築城以来一度も城攻めにあっていない城はどれか。
①松前城
②犬山城
③佐賀城
④宇和島城

問038　虎口の外側に突き出た小さい曲輪で、その周囲を土塁や堀などで囲み、出撃にも防御にも役立てた施設の名称はどれか。
①枡形
②虎口
③帯曲輪
④馬出

問039　天守の構造は望楼型と層塔型に分類されるが、層塔型はどれか。
①高知城
②丸岡城
③会津若松城
④広島城

問040　鎌倉末期の武将・楠木正成が鎌倉幕府の大軍を迎え撃った山城はどれか。
①高取城
②千早城
③鬼ノ城
④福山城

3級問題

第17回

2級問題

準1級問題

解答・解説

1級問題

問041

五重六階の天守は昭和20年（1945）空襲で焼失したが、昭和41年（1966）湯殿などと共に再建された城はどれか。
①小倉城
②和歌山城
③名古屋城
④福山城

問042

城の虎口についての説明で間違いはどれか。
①搦手門は虎口とはいわない
②虎口には城門を構える
③一つの曲輪には複数の虎口がある
④曲輪への入り口

問043

上田城本丸には江戸時代、七つの櫓があったが、移築もされずに現存している櫓はどれか。
①北櫓
②南櫓
③東櫓
④西櫓

問044

幕末期、幕政に参画を求められ京都守護職に任じられた会津若松城主は誰か。
①松平春嶽
②松平容保
③伊達宗城
④松平定信

問045

太平洋戦争時に空襲で天守が焼失した城はどれか。
①仙台城
②大垣城
③松山城
④大分府内城

問046　広島城主でなかった戦国武将は誰か。
①浅野長晟
②毛利輝元
③小早川隆景
④福島正則

問047　四国にある城のうち現存12天守に含まれないのはどれか。
①今治城
②丸亀城
③高知城
④松山城

問048　国指定史跡に指定されている根室半島のアイヌの城「チャシ」は何世紀ごろ造られたとされているか。
①6世紀～7世紀
②9世紀～10世紀
③12世紀～13世紀
④16世紀～18世紀

問049　三重三階の国宝天守はどれか。
①丸岡城天守
②犬山城天守
③丸亀城天守
④彦根城天守

問050　今も城址に残る石碑には創建の経緯などを記した141文字の碑文が残る城はどれか。
①盛岡城
②多賀城
③岡城
④小諸城

問051

近世の築城でも天守のない城があったが、次の中で天守がなかった城はどれか。
①松阪城
②仙台城
③福山城
④岩国城

問052

八王子城は巨大な山城だが、これを造ったのはどの一族か。
①上杉氏
②武田氏
③佐竹氏
④小田原北条氏

問053

天守の屋根に載せる鯱は、本来どんな役割だったか。
①雷除け
②防火のまじない
③戦勝祈願
④単なる飾り

問054

大坂夏の陣で豊臣大坂城は灰燼に帰したが、その後徳川大坂城を再建した将軍は誰か。
①家康
②秀忠
③家光
④吉宗

問055

江戸時代は徳川譜代の大名が代々城主となり、「江戸の搦手」として重要視された城は本丸御殿の遺構が今も残る。それはどれか。
①川越城
②宇都宮城
③佐倉城
④土浦城

問056　武田氏三代の館・武田氏館の別名はどれか。
①要害山館
②躑躅ヶ崎館
③新府城
④新府館

問057　江戸時代の藩と城の組み合わせで間違いはどれか。
①長州藩—萩城
②薩摩藩—鹿児島城
③加賀藩—金沢城
④最上藩—久保田城

問058　次のうち箕輪城にないものはどれか。
①水堀
②空堀
③石垣
④土塁

問059　大きな天守台があり南の丸に多門櫓が現存、花見櫓・月見櫓は崇福寺に移築されている城はどれか。
①仙台城
②福岡城
③高取城
④大分府内城

問060　沖縄のグスクと呼ばれる城はいろいろ特色がある。城門や城壁に見られる特色はどれか。
①土塁が多い
②跳ね橋門が多い
③レンガ造りの城壁が多い
④石造りアーチ門が多い

問061

天守や櫓を三重三階などと示すが、この「重」の説明で正しいものは
どれか。
①内部の階段の数
②入母屋造を重ねた数
③屋根の数
④壁の数

問062

俳人正岡子規が「春や昔十五万石の城下かな」と自分の故郷の町を句
に詠んでいる。この句の城はどれか。
①熊本城
②松山城
③岡城
④仙台城

問063

信玄・謙信の川中島の戦いの舞台でもあった松代城の最初の城名はど
れか。
①要害山城
②岩櫃城
③上原城
④海津城

問064

曲輪の配置が本丸から二の丸、三の丸と直線状に並んだ縄張は何とい
うか。
①連郭式
②梯郭式
③円郭式
④輪郭式

問065

山形城の説明で誤りはどれか。
①斯波兼頼により創築された
②最上義光が大規模な平城に改修した
③本丸一文字門が復元された
④天守が復元された

問066　「天空の城」と呼ばれる城は各地にあるが、次の中で「天空の城」と呼ばれていない城はどれか。
①岡城
②竹田城
③越前大野城
④備中高松城

問067　国宝松本城には大天守と小天守があるが、小天守はその方角から何と呼ばれているか。
①巽小天守
②艮小天守
③乾小天守
④坤小天守

問068　近江の国出身の戦国武将で、信長の寵を受け、松阪城を築いたのは誰か。
①柴田勝家
②藤堂高虎
③丹羽長秀
④蒲生氏郷

問069　戦国時代の山城で本丸や平井丸虎口の石垣は安土城に先駆けて本格的石垣が築かれた城として知られているが、それはどれか。
①長浜城
②観音寺城
③小牧山城
④郡山城

問070　江戸城の天守は明暦の大火で焼失したのち再建されなかったが、それまでに天守は何回建てられたか。
①1回
②2回
③3回
④4回

問071　城郭部が城下町より低い位置にあることから「穴城」とも呼ばれ、現存の三の門が重要文化財になっている城はどれか。
①盛岡城
②上田城
③松代城
④小諸城

問072　島状に突き出た半島の三角州に扇勾配の美しい石垣と天守台が残り、半島山頂に詰丸を縄張とした城はどれか。
①広島城
②萩城
③中津城
④島原城

問073　写真は岡山城の天守だが、この天守の説明として正しいものはどれか。
①望楼型・複合式
②望楼型・連結式
③望楼型・連立式
④層塔型・連結式

問074　水軍で知られる松浦氏の居城として、山鹿流の縄張で造られた城はどれか。
①平戸城
②唐津城
③人吉城
④能島城

問075　曲輪とは城の一区画を指すもので、城郭にとってその配置設計は最重要課題である。曲輪は近世城郭では何と呼ばれたか。
①平場
②丸
③枡形
④屋敷

問076　関ケ原の戦いで当初石田三成が入った城はどれか。
①松尾山城
②佐和山城
③伏見城
④大垣城

問077　姫路城は別名白鷺城として有名だが、城名と別名の組み合わせで、間違いはどれか。
①岡山城—烏城
②和歌山城—虎伏城
③彦根城—金亀城
④犬山城—川霧城

問078　五重五階の大天守に小天守を連ね、120万石の格式を誇った広島城を築城したのは誰か。
①大内義興
②宇喜多直家
③毛利輝元
④毛利元就

問079　写真に映る巨大な石は上田城本丸東虎口にある真田石と呼ばれる石である。このように意図的に配置された巨石を何と呼ぶか。
①枕石
②竪石
③亀石
④鏡石

問080　室町期以降、伊予の国の統治の中心となった城はどれか。
①湯築城
②大洲城
③松山城
④宇和島城

問081

山頂部の詰城（城郭部）と山麓のお屋敷（居館部）からなり、天守は本丸から一段下がった東二の丸に建てられた城はどれか。
①徳島城
②岩国城
③小牧山城
④盛岡城

問082

江戸時代中・後期の大名で、様々な改革で財政難の藩を建て直し、「天下の名君」とうたわれた上杉鷹山の居城はどれか。
①米沢城
②山形城
③会津若松城
④新発田城

問083

天守台を中心に北千畳、南千畳と連なる曲輪が見事な石垣の城で、天空の城としても名高い城はどれか。
①備中松山城
②竹田城
③越前大野城
④岡城

問084

足利氏館に関する記述で誤りはどれか。
①中世の地方武士の典型的な館
②水堀と土塁に囲まれている
③櫓が今も残る
④方形の館跡

問085

天守の構成は4種類に分類されるが、櫓等付属建築物がない独立式天守はどれか。
①犬山城
②丸岡城
③備中松山城
④広島城

問086　山城の堀は空堀が一般的だが、珍しく水堀が設けられた山城はどれか。
①岩村城
②金山城
③七尾城
④高取城

問087　江戸城の天守は明暦の大火で焼失し、その後再建されず代わりに天守代用の櫓があった。それはどれか。
①伏見櫓
②富士見三重櫓
③桜田巽櫓
④寺沢二重櫓

問088　天下普請で築かれた城はどれか。
①福岡城
②彦根城
③姫路城
④岡崎城

問089　本丸西側の石垣は約30ｍの高さを誇る直線的石垣で、築城の名手・藤堂高虎が築いたとされるが、それはどの城か。
①今治城
②篠山城
③伊賀上野城
④松阪城

問090　江戸時代末期、幕府は海防強化のため日本式の城の築城を命じた。北の松前城に対し、九州に築かせた城はどれか。
①平戸城
②福江城
③宇土城
④三原城

問091

関ケ原の戦いのあと、徳川幕府は大坂城や西国の諸藩の監視と備えとしての城を西日本を中心に造った。次のうち当てはまらないのはどれか。

①名古屋城

②篠山城

③小谷城

④明石城

問092

写真の天守はどの城の天守か。

①小牧山城

②浜松城

③中津城

④平戸城

問093

写真は城の内側から土塁や石垣に上がるための階段だが、何というか。

①合坂

②雁木

③武者走

④犬走

問094

石垣の構築技術の進化で正しい順番はどれか。

①切込接→打込接→野面積

②打込接→野面積→切込接

③野面積→切込接→打込接

④野面積→打込接→切込接

問095

写真は復元された東御門と巽櫓である。これはどの城のものか。

①鹿児島城

②駿府城

③大垣城

④赤穂城

問096 岩村城・備中松山城と共に近世三大山城とされているのはどれか。
①七尾城
②鳥取城
③月山富田城
④高取城

問097 次のうち平城はどれか。
①新発田城
②松山城
③箕輪城
④盛岡城

問098 上杉謙信が居城とした春日山城についての説明で間違いはどれか。
①中世の巨大な山城である
②山麓には復元された水堀がある
③本丸は石垣で築かれている
④春日山山頂には天守閣跡の石碑がある

問099 現存12天守はほとんど平山城だが、ただ一つの平城はどれか。
①丸岡城
②松本城
③彦根城
④姫路城

問100 石垣の下部は緩やかな勾配で上部にいくにつれ急勾配となる特徴の石垣を「扇の勾配」というが、次の中で「扇の勾配」の石垣はどれか。
①七尾城本丸石垣
②熊本城宇土櫓石垣
③丸岡城天守台石垣
④伊賀上野城本丸石垣

第18回

日本城郭検定 3級問題

全100問（70問以上正答で合格）
試験時間60分

1回目	月	日	／100問
2回目	月	日	／100問
3回目	月	日	／100問

※6ページの解答用紙をご利用ください（実際の試験はマークシート方式です）。
※複数回答の可能性が指摘された問題に関しては、一部改訂を加えてあります。

解答・解説 ➡ 199ページ

問001

秀吉が羽柴秀吉時代に築いた最初の居城はどれか。
①墨俣城
②長浜城
③小牧山城
④坂本城

問002

本丸から瀬戸内海や瀬戸大橋が見える城はどれか。
①丸亀城
②宇和島城
③洲本城
④三原城

問003

曲輪の配置が本丸から二の丸、三の丸と直線状に並んだ縄張は何というか。
①連郭式
②梯郭式
③円郭式
④輪郭式

問004

豊臣秀吉の家臣・蜂須賀家政が築城、平成元年（1989）に城の大手門にあたる「鷲の門」が再建されたのはどの城か。
①徳島城
②墨俣城
③洲本城
④鉢形城

問005

写真は国宝松江城天守だが、天守は何重か。
①四重
②五重
③六重
④七重

問006　御式台、外御書院、御座間などから構成される本丸御殿が平成16年
（2004）に再建された城はどれか。
①名古屋城
②佐賀城
③川越城
④掛川城

問007　天守は建築構造によって望楼型と層塔型に区別されるが、望楼型天守
を持つ城はどれか。
①名古屋城
②会津若松城
③宇和島城
④犬山城

問008　広島城主でなかった戦国武将は誰か。
①浅野長晟
②毛利輝元
③小早川隆景
④福島正則

問009　四国にある城のうち現存12天守に含まれないのはどれか。
①今治城
②丸亀城
③高知城
④松山城

問010　近江の国出身の戦国武将で、信長の寵を受け、松阪城を築いたのは誰
か。
①柴田勝家
②藤堂高虎
③丹羽長秀
④蒲生氏郷

3級問題

第18回

2級問題

準1級問題

解答・解説

1級問題

問011　江戸時代初期、キリシタンや農民による島原・天草一揆の舞台となった城で、平成30年（2018）、世界遺産に登録された城はどれか。
①熊本城
②島原城
③原城
④立花城

問012　水軍で知られる松浦氏の居城として、山鹿流の縄張で造られた城はどれか。
①平戸城
②唐津城
③人吉城
④能島城

問013　荒川の河岸段丘に造られた北武蔵の平山城で、北条氏邦が改修したが、秀吉の小田原攻めで落城したのはどれか。
①八王子城
②金山城
③鉢形城
④箕輪城

問014　木下藤吉郎が清洲城の土塀修理で用いたと伝わる工事法で、のちに天下普請でよく使われた、工区分担による工事法を何と呼ぶか。
①太閤普請
②割普請
③区分け普請
④土塀普請

問015　天守の構成は4種類に分類されるが、櫓等付属建築物がない独立式天守はどれか。
①犬山城
②丸岡城
③備中松山城
④広島城

問016　写真は城の内側から土塁や石垣に上がるための階段だが、何というか。
①合坂
②雁木
③武者走
④犬走

問017　沖縄のグスクと呼ばれる城はいろいろ特色がある。城門や城壁に見られる特色はどれか。
①土塁が多い
②跳ね橋門が多い
③レンガ造りの城壁が多い
④石造りアーチ門が多い

問018　江戸城の天守は明暦の大火で焼失したのち再建されなかったが、それまでに天守は何回建てられたか。
①1回
②2回
③3回
④4回

問019　江戸時代の藩と城の組み合わせで間違いはどれか。
①長州藩—萩城
②薩摩藩—鹿児島城
③加賀藩—金沢城
④最上藩—久保田城

問020　多雨地帯であるため石樋、長押型水切、水受けの敷石などで排水対策が施されている城はどれか。
①松山城
②平戸城
③高知城
④人吉城

3級問題

第18回

2級問題

準1級問題

解答・解説

1級問題

問021　典型的な海城で、堀には海水が取り入れられ、月見櫓（着見櫓）が現存する城はどれか。
①高松城
②今治城
③赤穂城
④米子城

問022　各地のお城で、城に関連する（ご当地）キャラクターを制定しているが、下記で間違いはどれか。
①熊本城―ひごまる
②姫路城―しろまるひめ
③彦根城―ひこにゃん
④小倉城―くろかんくん

問023　次のうち現存12天守でないのはどの城か。
①名古屋城
②丸亀城
③丸岡城
④犬山城

問024　写真の櫓は彦根城を代表する櫓だが、それはどれか。
①太鼓門櫓
②多門櫓
③西の丸三重櫓
④天秤櫓

問025　近世の日本三大山城の一つで、山麓には平成2年（1990）、太鼓櫓や表御門が再建された城はどれか。
①春日山城
②岩村城
③高取城
④津和野城

問026　有名な藩校弘道館が三の丸にある城はどれか。
①松代城
②上田城
③酒田城
④水戸城

問027　次のうち平城はどれか。
①新発田城
②松山城
③箕輪城
④盛岡城

問028　元和3年（1617）、初代城主小笠原忠政に招聘された剣豪宮本武蔵が築庭や城下の町割に関わったと伝えられる城は、次のうちどれか。
①福山城
②明石城
③赤穂城
④竹田城

問029　本丸西側の石垣は約30mの高さを誇る直線的石垣で、築城の名手・藤堂高虎が築いたとされるが、それはどの城か。
①今治城
②篠山城
③伊賀上野城
④松阪城

問030　戦国時代の山城で本丸や平井丸虎口の石垣は安土城に先駆けて本格的石垣が築かれた城として知られているが、それはどれか。
①長浜城
②観音寺城
③小牧山城
④郡山城

3級問題

第18回

2級問題

準1級問題

解答・解説

1級問題

問031 現存櫓と城名の組み合わせで正しくないものはどれか。
①大阪城─天秤櫓
②姫路城─化粧櫓
③大洲城─本丸台所櫓
④大分府内城─宗門櫓

問032 関ケ原の戦いの戦功で入封した森忠正が築いた城で、石垣を雛壇のように積んだ曲輪が「一二三段」と呼ばれる平山城はどれか。
①津山城
②丸亀城
③岩国城
④七尾城

問033 国宝犬山城は江戸時代にある城の支城であった。ある城とはどれか。
①金沢城
②彦根城
③名古屋城
④小牧山城

問034 城郭部が城下町より低い位置にあることから「穴城」とも呼ばれ、現存の三の門が重要文化財になっている城はどれか。
①盛岡城
②上田城
③松代城
④小諸城

問035 近代俳句の創始者といわれる正岡子規の句「春や昔十五万石の城下哉」で知られる城下町はどれか。
①仙台市
②熊本市
③松山市
④岡山市

問036

写真は平成の大修理が行われた城の天守の屋根だが、どの城か。

①熊本城

②弘前城

③姫路城

④名古屋城

問037

現存12天守はほとんど平山城だが、ただ一つの平城はどれか。

①丸岡城

②松本城

③彦根城

④姫路城

問038

関ケ原の戦いで当初石田三成が入った城はどれか。

①松尾山城

②佐和山城

③伏見城

④大垣城

問039

国指定史跡に指定されている根室半島のアイヌの城「チャシ」は何世紀ごろ造られたとされているか。

①6世紀～7世紀

②9世紀～10世紀

③12世紀～13世紀

④16世紀～18世紀

問040

武田氏最後の城となった新府城の築城者は誰か。

①武田信虎

②武田信玄

③武田勝頼

④真田昌幸

問041

写真は中川秀成が総石垣に改修した九州地方の城だがそれはどれか。
①大野城
②米子城
③岡城
④飫肥城

問042

明石城には2基の三重櫓が現存、そのうちの一つ坤櫓は伏見城からの
移築とされているが、坤櫓とは城のどの方角に建てられているか。
①北東
②北西
③南西
④南東

問043

天守の中で小天守や櫓が接続している形式の天守を複合式というが、
次の中で複合式天守はどれか。
①松江城
②丸亀城
③丸岡城
④宇和島城

問044

堀の底がU字の堀は、次のうちどれか。
①箱堀
②薬研堀
③毛抜堀
④片薬研堀

問045

大坂夏の陣で豊臣大坂城は灰燼に帰したが、その後徳川大坂城を再建
した将軍は誰か。
①家康
②秀忠
③家光
④吉宗

問046

城名と所在地の組み合わせが間違っているのはどれか。
①湯築城—徳島県
②飫肥城—宮崎県
③多賀城—宮城県
④新府城—山梨県

問047

「普請」についての説明で間違いはどれか。
①曲輪の造成工事を行う
②堀の構築工事を行う
③石垣の構築工事を行う
④櫓などの構造物を建てる

問048

3代将軍家光の乳母・春日局の子、稲葉正勝が城主の時に大改修して現在の形になったとされる城はどれか。
①小田原城
②川越城
③山中城
④甲府城

問049

室町期以降、伊予の国の統治の中心となった城はどれか。
①湯築城
②大洲城
③松山城
④宇和島城

問050

27基の櫓をそなえた近世の巨大山城で、山城には珍しい水堀が設けられていた城はどれか。
①高取城
②観音寺城
③大野城
④春日山城

問051　城の虎口についての説明で間違いはどれか。
①搦手門は虎口とはいわない
②虎口には城門を構える
③一つの曲輪には複数の虎口がある
④曲輪への入り口

問052　江戸時代前期、茶人大名として有名な小堀政一（遠州）は多くの城郭、庭園などの作事にかかわった。遠州が手掛けた代表的な庭園が残る城はどれか。
①岡山城
②彦根城
③熊本城
④二条城

問053　大天守と2基以上の小天守又は櫓を渡櫓で接続している形式の天守を「連立式天守」と呼ぶが、次の城のうち連立式天守はどれか。
①名古屋城
②島原城
③彦根城
④松山城

問054　伊達政宗が築いた仙台城は位置する山の名前から別名がつけられたと一般的にいわれているが、その別名はどれか。
①紅葉城
②広瀬城
③蔵王城
④青葉城

問055　島状に突き出た半島の三角州に扇勾配の美しい石垣と天守台が残り、半島山頂に詰丸を縄張とした城はどれか。
①広島城
②萩城
③中津城
④島原城

問056　国宝松本城には大天守と小天守があるが、小天守はその方角から何と呼ばれているか。
①巽小天守
②艮小天守
③乾小天守
④坤小天守

問057　次の中で天守が落雷により焼失した城はどれか。
①水戸城
②二条城
③和歌山城
④名古屋城

問058　昭和20年（1945）まで天守、小天守、本丸御殿が残っていた天下普請の城はどれか。
①和歌山城
②大垣城
③彦根城
④名古屋城

問059　江戸時代、各城には藩士子弟のしつけや教育をつかさどる現代の学校に相当する場が併設された。次の取り合わせで正しくないのはどれか。
①会津若松城―日新館
②熊本城―時習館
③水戸城―弘道館
④福岡城―明倫館

問060　写真に映る巨大な石は上田城本丸東虎口にある真田石と呼ばれる石である。このように意図的に配置された巨石を何と呼ぶか。
①枕石
②竪石
③亀石
④鏡石

3級問題

第18回

2級問題

準1級問題

解答・解説

1級問題

問061　斎藤道三・義龍父子が16世紀半ばに居城とした城はどれか。
①小牧山城
②美濃金山城
③稲葉山城
④苗木城

問062　天守や櫓を三重三階などと示すが、この「重」の説明で正しいものはどれか。
①内部の階段の数
②入母屋造を重ねた数
③屋根の数
④壁の数

問063　大きな天守台があり南の丸に多門櫓が現存、花見櫓・月見櫓は明治時代に崇福寺に移築された城はどれか。
①仙台城
②福岡城
③高取城
④大分府内城

問064　写真の現存天守はどの城の天守か。
①備中松山城
②弘前城
③宇和島城
④大洲城

問065　復元された御殿の中で昭君之間がある御殿はどれか。
①名古屋城御殿
②佐賀城御殿
③掛川城御殿
④熊本城御殿

問066　二条城に現存している国宝の御殿の名前はどれか。
①本丸御殿
②二の丸御殿
③三の丸御殿
④西の丸御殿

問067　松代城は武田信玄が築城した当時は何と呼ばれていたか。
①海ノ口城
②海尻城
③海津城
④真田本城

問068　「天空の城」と呼ばれる城は各地にあるが、次の中で「天空の城」と呼ばれていない城はどれか。
①岡城
②竹田城
③越前大野城
④備中高松城

問069　天正10年（1582）本能寺の変の際、明智光秀はどの城から出陣し本能寺に向かったか。
①坂本城
②安土城
③丹波亀山城
④勝龍寺城

問070　近世の城では城内に多くの種類の蔵が造られたが、一番多いのはどれか。
①金蔵
②塩蔵
③鉄砲蔵
④米蔵

3級問題

第18回

2級問題

準1級問題

解答・解説

1級問題

問071
写真は歓会門という城門だが、どの城にある門か。
①首里城
②福岡城
③今帰仁城
④平戸城

問072
写真の天守はどの城の天守か。
①小牧山城
②浜松城
③中津城
④平戸城

問073
戦国期に今川氏が築城、天正18年（1590）に山内一豊が城主となり、二の丸に御殿が現存するのはどれか。
①川越城
②高知城
③駿府城
④掛川城

問074
山頂には壮大な石垣が残る全国屈指の山城で、最高所の三十間台からは城下町を一望できる。戦国武将、坂崎直盛が近世城郭に改修した城はどれか。
①七尾城
②津和野城
③米子城
④浜田城

問075
城と築城者の組み合わせで間違いはどれか。
①二条城—徳川家康
②今治城—藤堂高虎
③広島城—毛利元就
④福岡城—黒田長政

問076 武田氏三代の館・武田氏館の別名はどれか。
①要害山館
②躑躅ヶ崎館
③新府城
④新府館

問077 海城独特の城門として現存の水手門のある城はどこか。
①萩城
②今治城
③三原城
④高松城

問078 山頂部の詰城（城郭部）と山麓のお屋敷（居館部）からなり、天守は本丸から一段下がった東二の丸に建てられた城はどれか。
①徳島城
②岩国城
③小牧山城
④盛岡城

問079 足利氏館に関する記述で誤りはどれか。
①中世の地方武士の典型的な館
②水堀と土塁に囲まれている
③櫓が今も残る
④方形の館跡

問080 上杉謙信が居城とした春日山城についての説明で間違いはどれか。
①中世の巨大な山城である
②山麓には復元された水堀がある
③本丸は石垣で築かれている
④春日山山頂には天守閣跡の石碑がある

問081　城の縄張分類で、曲輪の配置状況から連郭式・梯郭式・輪郭式・円郭式などと分類するが、組み合わせが間違っているのはどれか。
①連郭式—高知城
②梯郭式—彦根城
③輪郭式—駿府城
④円郭式—田中城

問082　次のうち箕輪城にないものはどれか。
①水堀
②空堀
③石垣
④土塁

問083　宇和島城の説明で誤りはどれか。
①かつては海城だったが、現在は平山城と分類されている
②天守は厳重な石落、狭間、忍び返しなどで装備されている
③現存天守は層塔型である
④搦手には現存の上り立ち門がある

問084　山形城の説明で誤りはどれか。
①斯波兼頼により創築された
②最上義光が大規模な平城に改修した
③本丸一文字門が復元された
④天守が復元された

問085　築城以来一度も城攻めにあっていない城はどれか。
①松前城
②犬山城
③佐賀城
④宇和島城

問086

関ケ原の戦いのあと、徳川幕府は大坂城や西国の諸藩の監視と備えとしての城を西日本を中心に造った。次のうち当てはまらないのはどれか。

①明石城

②篠山城

③犬山城

④名古屋城

問087

令和2年（2020）夏、上田城内の眞田神社に銅像が設置されたが誰の銅像か。

①真田昌幸

②真田信之

③真田幸村（信繁）

④真田幸隆

問088

島津氏の居城・鹿児島城はその地形がある鳥が翼を広げた形に似ているため、別名で呼ばれている。それはどれか。

①雁金城

②烏城

③鵜城

④鶴丸城

問089

江戸時代末期、幕府は海防強化のため日本式の城の築城を命じた。北の松前城に対し、九州に築かせた城はどれか。

①平戸城

②福江城

③宇土城

④三原城

問090

江戸時代の御殿が本丸に現存している城はどれか。

①佐賀城

②掛川城

③高知城

④熊本城

問091　天下普請で築かれた城はどれか。
①福岡城
②彦根城
③姫路城
④岡崎城

問092　次の中で「堀」に含まれないものはどれか。
①切岸
②障子堀
③竪堀
④堀切

問093　童謡『とうりゃんせ』の発祥の地と伝わる神社がある城はどれか。
①和歌山城
②小田原城
③水戸城
④川越城

問094　戦国時代に江戸城に本拠を置き、今も江戸城の堀にその名を残す武将は誰か。
①北条早雲
②佐竹義宣
③足利成氏
④太田道灌

問095　石垣の積み方で「算木積」と呼ばれる工法は、どの部位に使われるか。
①石垣の隅部
②石垣の基部
③石垣の頂部
④石垣の内部

問096　松前城の現在の天守は昭和35年（1960）に再建されたが、最初の天守が失われたのはいつか。
①戊辰戦争で焼失
②明治の廃城令で破壊
③太平洋戦争で焼失
④昭和24年（1949）に焼失

問097　太平洋戦争時に空襲で天守が焼失した城はどれか。
①仙台城
②大垣城
③松山城
④大分府内城

問098　通常、城の石垣は水平地に積むが、山の斜面に沿って積む石垣は何というか。
①高石垣
②扇の勾配石垣
③谷積石垣
④登り石垣

問099　籠城戦に備え、地階に塩貯蔵庫を設け、火災予防のため床を瓦敷きにし、深さ約24mの井戸を掘っていたのはどの城か。
①熊本城
②松本城
③犬山城
④松江城

問100　城の周辺には戦いのために集まった大名たちの陣屋が建ち並び、「京をもしのぐ」賑わいのあったとされる陣城はどれか。
①小倉城
②唐津城
③名護屋城
④福岡城

日本城郭検定
3級問題

全100問（70問以上正答で合格）
試験時間60分

1回目	月	日	／100問
2回目	月	日	／100問
3回目	月	日	／100問

※6ページの解答用紙をご利用ください（実際の試験はマークシート方式です）。
※複数回答の可能性が指摘された問題に関しては、一部改訂を加えてあります。

解答・解説 ➡ 201ページ

問001

堀の底がU字の堀は、次のうちどれか。
①箱堀
②薬研堀
③毛抜堀
④片薬研堀

問002

仙台城の天守に関する記述で正しいのはどれか。
①江戸時代初期に落雷で焼失
②明治の廃城令で破却
③太平洋戦争の空襲で焼失
④もともと天守は造られなかった

問003

築城にあたっては、甲州流軍学と山鹿流軍学を取り入れ天守台は築かれたが、天守は幕府の許可が下りず築かれなかったのはどの城か。
①高取城
②篠山城
③赤穂城
④大洲城

問004

昭和20年（1945）まで残っていた着到櫓が戦災で焼失したのはどの城か。
①鹿児島城
②小倉城
③大分府内城
④盛岡城

問005

本丸西側の石垣は約30mの高さを誇る直線的石垣で、築城の名手・藤堂高虎が築いたとされるが、それはどの城か。
①今治城
②篠山城
③伊賀上野城
④松阪城

問006 戦国時代の山城で本丸や平井丸虎口の石垣は安土城に先駆けて本格的
石垣が築かれた城として知られているが、それはどれか。
①長浜城
②観音寺城
③小牧山城
④郡山城

問070 天守最上階に赤い絨毯が敷かれている城はどれか。
①彦根城
②犬山城
③丸岡城
④松本城

問008 二条城に現存している国宝の御殿の名前はどれか。
①本丸御殿
②二の丸御殿
③三の丸御殿
④西の丸御殿

問009 武田氏最後の城となった新府城の築城者は誰か。
①武田信虎
②武田信玄
③武田勝頼
④真田昌幸

問010 令和2年（2020）全国で3基の門が木造で復元された。該当しない
のはどれか。
①水戸城—大手門
②松本城—太鼓門
③金沢城—鼠多門
④鹿児島城—御楼門

問011　天守の構成は4種類に分類されるが、櫓等付属建築物がない独立式天守はどれか。
①犬山城
②丸岡城
③備中松山城
④広島城

問012　鎌倉時代末期、楠木正成が幕府の大軍を迎え撃ち、苦しめた城はどれか。
①高取城
②千早城
③大和郡山城
④竹田城

問013　斎藤道三・義龍父子が16世紀半ばに居城とした城はどれか。
①小牧山城
②美濃金山城
③稲葉山城
④苗木城

問014　27基の櫓をそなえた近世の巨大山城で、山城には珍しい水堀が設けられていた城はどれか。
①高取城
②観音寺城
③大野城
④春日山城

問015　大天守と2基以上の小天守又は櫓を渡櫓で接続している形式の天守を「連立式天守」と呼ぶが、次の城のうち連立式天守はどれか。
①名古屋城
②島原城
③彦根城
④松山城

問016　江戸時代の御殿が本丸に現存している城はどれか。
①佐賀城
②掛川城
③高知城
④熊本城

問017　金沢城の建造物で海鼠壁が美しい現存建造物はどれか。
①菱櫓
②河北門
③三十間長屋
④五十間長屋

問018　御式台、外御書院、御座間などから構成される本丸御殿が平成16年（2004）に再建された城はどれか。
①名古屋城
②佐賀城
③川越城
④掛川城

問019　令和2年（2020）夏、上田城内の眞田神社に銅像が設置されたが、誰の銅像か。
①真田昌幸
②真田信之
③真田幸村（信繁）
④真田幸隆

問020　山頂部の詰城（城郭部）と山麓のお屋敷（居館部）からなり、天守は本丸から一段下がった東二の丸に建てられた城はどれか。
①湯築城
②高遠城
③鳥取城
④徳島城

問021

備中高松城の説明で誤りはどれか。
①備中七城の中心であった
②蛙ヶ鼻地区に秀吉が水攻めに築いた堤防が残っている
③足守川の東岸の湿地帯に築かれた平城
④最後の城主は別所長治であった

問022

国指定史跡に指定されている根室半島のアイヌの城「チャシ」は何世紀ごろ造られたとされているか。
①6世紀～7世紀
②9世紀～10世紀
③12世紀～13世紀
④16世紀～18世紀

問023

「天空の城」と呼ばれる城は各地にあるが、次の中で「天空の城」と呼ばれていないのはどれか。
①竹田城
②備中松山城
③越前大野城
④人吉城

問024

荒川の河岸段丘に造られた北武蔵の平山城で、北条氏邦が改修したが、秀吉の小田原攻めで開城したのはどれか。
①八王子城
②金山城
③鉢形城
④箕輪城

問025

足利氏館は、中世武士の方形居館の典型として知られている。方形居館の説明で正しいのはどれか。
①水堀と土塁に囲まれたほぼ正方形の館である
②御殿が正方形である
③御殿が長方形である
④館を取り巻く4ヶ所に出城がある

問026　写真は国宝松江城天守だが、天守は何重か。
①四重
②五重
③六重
④七重

問027　徳川家康は関ケ原の戦い後、豊臣秀頼の大坂城を包囲するため諸大名を動員して名古屋城・彦根城を築城した。こうした城普請に当てはまる用語はどれか。
①幕府普請
②徳川普請
③将軍普請
④天下普請

問028　写真は平成の大修理が行われた城の天守の屋根だが、どの城か。
①熊本城
②弘前城
③姫路城
④名古屋城

問029　二条城二の丸庭園を作庭したことで知られる小堀遠州が城主だった現存天守の城はどれか。
①松江城
②今治城
③松山城
④備中松山城

問030　四国にある城のうち現存12天守に含まれないのはどれか。
①大洲城
②丸亀城
③高知城
④宇和島城

問031
武田氏三代の館・武田氏館の別名はどれか。
①要害山館
②躑躅ヶ崎館
③新府城
④新府館

問032
城は縄張によって山城、平山城、平城、海城に大別されるが、次の中で海城でないのはどれか。
①大野城
②今治城
③三原城
④高松城

問033
近江の国出身の戦国武将で、信長の寵を受け、松阪城を築いたのは誰か。
①柴田勝家
②藤堂高虎
③丹羽長秀
④蒲生氏郷

問034
江戸時代初期、キリシタンや農民による島原・天草一揆の舞台となった城で、平成30年（2018）、世界遺産に登録された城はどれか。
①熊本城
②島原城
③原城
④立花城

問035
「忠臣蔵」で有名な浅野内匠頭が吉良上野介に切りつけた江戸城の松の廊下は、どの御殿にあったか。
①三の丸御殿
②二の丸御殿
③本丸御殿
④西の丸御殿

問036　藤堂高虎が築いた海城で、堀には海水を引き込み、今も海魚が泳いでいるのはどの城か。
①今治城
②宇和島城
③高松城
④平戸城

問037　中国・揚子江の岩壁に建つ白帝城になぞらえて、白帝城の別名を持つ城はどれか。
①小諸城
②犬山城
③岐阜城
④鉢形城

問038　近世の城では城内に多くの種類の蔵が造られたが、一番多いのはどれか。
①金蔵
②塩蔵
③鉄砲蔵
④米蔵

問039　石垣の築城技術の進化で正しいのはどれか。
①打込接→野面積→切込接
②切込接→打込接→野面積
③野面積→切込接→打込接
④野面積→打込接→切込接

問040　近世の日本三大山城の一つで、山麓には平成2年（1990）、太鼓櫓や表御門が再建された城はどれか。
①春日山城
②岩村城
③高取城
④津和野城

問041

写真の城は会津若松城だが、写真の門の名前はどれか。

①大手門
②鉄門
③銅門
④岡口門

問042

家康譜代の功臣・本多作左衛門が陣中から妻にあて「一筆啓上、火の用心、お仙泣かすな、馬肥やせ」と書き送ったが、お仙が長じて一城の主となった。その城はどれか。

①姫路城
②丸岡城
③浜松城
④山形城

問043

長辺が短辺の2～3倍ある細長い直方体の石を、長辺と短辺が一段ごとに互い違いになるように、石垣の隅部で積み上げる技法は次のうちどれか。

①野面積
②谷積
③間知石積
④算木積

問044

徳川家康の娘婿で、豊臣秀吉の姫路城を大改築し、今日に残る城の形にした武将は誰か。

①本多忠勝
②小早川秀秋
③池田輝政
④榊原康政

問045

関ケ原の戦いのあと、徳川幕府は大坂城や西国の諸藩の監視と備えとしての城を西日本を中心に造った。次のうち当てはまらないのはどれか。

①明石城
②篠山城
③犬山城
④名古屋城

3級問題

第19回

2級問題

準1級問題

解答・解説

1級問題

問046　城郭部が城下町より低い位置にあることから「穴城」とも呼ばれ、現存の三の門が重要文化財になっている城はどれか。
①盛岡城
②上田城
③松代城
④小諸城

問047　復元された御殿の中で昭君之間がある御殿はどれか。
①名古屋城御殿
②佐賀城御殿
③掛川城御殿
④熊本城御殿

問048　「霜は軍営に満ちて秋気清し……」と、上杉謙信が漢詩を詠んだ山城で、その後、前田利家が織田信長から与えられた城はどれか。
①金沢城
②小松城
③富山城
④七尾城

問049　徳川秀忠の娘・千姫が本多忠刻に嫁いだ際に造られた姫路城の化粧櫓は次のどこにあるか。
①三の丸
②二の丸
③本丸
④西の丸

問050　江戸時代末期、幕府は海防強化のため日本式の城の築城を命じた。北の松前城に対し、九州に築かせた城はどれか。
①平戸城
②福江城
③宇土城
④三原城

問051　大正12年（1923）の関東大震災で倒壊、昭和9年（1934）に再建された平櫓のある城はどれか。
①小田原城
②佐倉城
③八王子城
④川越城

問052　江戸幕府の西国監視の拠点として造られた城で、伏見城から移築されたという筋鉄御門が現存する城はどれか。
①姫路城
②岡山城
③福山城
④岩国城

問053　小田原北条氏が築城した山中城は街道を取り込んだ城として知られているが、独特の堀も有名である。それはどれか。
①竪堀
②薬研堀
③水堀
④障子堀

問054　築城時から明治まで同じ大名家が城主であった城はどれか。
①和歌山城
②三原城
③高知城
④姫路城

問055　近代俳句の創始者といわれる正岡子規の句「春や昔十五万石の城下哉」で知られる城下町はどれか。
①仙台市
②熊本市
③松山市
④岡山市

問056

写真は水軍で知られる松浦氏の城として、山鹿流の縄張で造られた城だが、どれか。

① 新宮城
② 福江城
③ 平戸城
④ 洲本城

問057

写真は家康ゆかりの城の天守だがどの城か。

① 小牧山城
② 浜松城
③ 岡崎城
④ 駿府城

問058

畠山氏が築いた山城で、戊辰戦争では奥羽越列藩同盟に加わり、新政府軍に攻められ落城、建物はすべて焼き払われた城はどれか。

① 松前城
② 長岡城
③ 鶴ケ岡城
④ 二本松城

問059

海城独特の城門として現存の水手門のある城はどこか。

① 萩城
② 今治城
③ 三原城
④ 高松城

問060

各地のお城で、城に関連する（ご当地）キャラクターを制定しているが、下記で間違いはどれか。

① 熊本城—ひごまる
② 姫路城—しろまるひめ
③ 彦根城—ひこにゃん
④ 小倉城—くろかんくん

問061

幕末、強権を振るった大老・井伊直弼の居城はどれか。
① 犬山城
② 川越城
③ 彦根城
④ 和歌山城

問062

大阪城の重要文化財に指定されてる建造物で、明治時代に造られたのはどれか。
① 大手門
② 桜門
③ 多門櫓
④ 千貫櫓

問063

天守はその構造から望楼型と層塔型に大別される。次の中で層塔型天守はどれか。
① 彦根城
② 高知城
③ 丸岡城
④ 宇和島城

問064

加賀前田家2代当主・前田利長が築城、一国一城令で建物は破却されたが、広大な水堀や石垣は今も残るのはどの城か。
① 富山城
② 七尾城
③ 高田城
④ 高岡城

問065

戦国期に今川氏が築城、天正18年（1590）に山内一豊が城主となり、二の丸に御殿が現存するのはどれか。
① 川越城
② 高知城
③ 駿府城
④ 掛川城

問066

中国地方の戦国大名として月山富田城を居城に勢力を誇った尼子氏を滅ぼした武将は誰か。
①大内義興
②陶晴賢
③毛利元就
④毛利輝元

問067

曲輪の配置が本丸から二の丸、三の丸と直線状に並んだ縄張は何というか。
①連郭式
②梯郭式
③円郭式
④輪郭式

問068

天守の構造が3階よりも4階、5階よりも6階が張り出した特異な造りを南蛮造（唐造）というが、昭和37年（1962）に再建された南蛮造の天守があるのはどの城か。
①岩国城
②高松城
③小倉城
④掛川城

問069

幕末に京都守護職を務めた松平容保はどこの城主だったか。
①福井城
②大和郡山城
③篠山城
④会津若松城

問070

西国の覇者毛利氏が築いた巨城で、昭和33年（1958）に天守が再建され、平成6年（1994）には二の丸の太鼓櫓や平櫓が再建された城はどれか。
①郡山城
②広島城
③萩城
④岩国城

問071　天守と小天守を渡櫓で接続した連結式天守はどれか。
①弘前城
②備中松山城
③松山城
④松本城

問072　櫓には十二支の方角名を付けたものが多いが、巽櫓（辰巳櫓）はどの
方角の櫓か。
①東北
②東南
③西北
④西南

問073　城名と所在地の組み合わせで間違いはどれか。
①久保田城－秋田県
②長篠城―愛知県
③根城―岩手県
④萩城―山口県

問074　作曲家滝廉太郎が、『荒城の月』を作曲する際にイメージしたといわ
れる城はどれか。
①仙台城
②小諸城
③竹田城
④岡城

問075　復元された巨大な角馬出が残る江戸の背後を守る土塁の城はどれか。
①佐倉城
②本佐倉城
③川越城
④小田原城

問076

大坂夏の陣で豊臣大坂城は灰燼に帰したが、その後徳川大坂城を再建した将軍は誰か。
①家康
②秀忠
③家光
④吉宗

問077

本丸表門の櫓門と旧二の丸隅櫓が現存、全国唯一の3匹の鯱を持つ三階櫓がある城はどれか。
①盛岡城
②新発田城
③小諸城
④飫肥城

問078

次のうち現存12天守でないのはどの城か。
①名古屋城
②丸亀城
③丸岡城
④犬山城

問079

写真は首里城の城門だが、名称はどれか。
①歓会門
②守礼門
③瑞泉門
④石造拱門

問080

国宝松本城には大天守と小天守があるが、小天守はその方角から何と呼ばれているか。
①巽小天守
②艮小天守
③乾小天守
④坤小天守

問081　城と築城者の組み合わせで間違いはどれか。
①今治城—藤堂高虎
②犬山城—織田信康
③上田城—真田幸村
④八王子城—北条氏照

問082　大阪城の現存建造物で最も古い建造物は千貫櫓だが、どこにあるか。
①本丸
②二の丸
③三の丸
④山里曲輪

問083　城の虎口についての説明で間違いはどれか。
①搦手門は虎口とはいわない
②虎口には城門を構える
③一つの曲輪には複数の虎口がある
④曲輪への入り口

問084　江戸を守る重要な城として、城主には譜代大名が置かれ、本丸御殿玄関が現存する城はどれか。
①川越城
②小田原城
③金山城
④鉢形城

問085　江戸時代の藩と城の組み合わせで間違いはどれか。
①長州藩—萩城
②薩摩藩—鹿児島城
③加賀藩—金沢城
④最上藩—久保田城

問086

現存櫓と城名の組み合わせで間違いはどれか。

①松本城—月見櫓

②姫路城—天秤櫓

③福山城—伏見櫓

④上田城—西櫓

問087

虎口の前面の防御と攻撃の施設が馬出だが、丸馬出を多用した戦国大名は何氏か。

①武田氏

②北条氏

③毛利氏

④尼子氏

問088

次の天守の中で望楼型天守はどれか。

①丸岡城

②島原城

③名古屋城

④福山城

問089

築城以来一度も城攻めにあっていない城はどれか。

①松前城

②犬山城

③佐賀城

④宇和島城

問090

現存12天守はほとんど平山城だが、ただ一つ平城がある。それはどれか。

①松本城

②彦根城

③弘前城

④松山城

問091

沖縄のグスクと呼ばれる城はいろいろ特色がある。城門や城壁に見られる特色はどれか。
①土塁が多い
②跳ね橋門が多い
③レンガ造りの城壁が多い
④石造りアーチ門が多い

問092

写真の現存天守はどれか。
①宇和島城
②弘前城
③備中松山城
④大洲城

問093

五重六階の天守の外壁が黒の下見板張で、表書院と本段御殿を結ぶ廊下門のある城はどれか。
①岡山城
②広島城
③松本城
④白河小峰城

問094

島状に突き出た半島の三角州に扇勾配の美しい石垣と天守台が残り、半島山頂に詰丸を縄張とした城はどれか。
①広島城
②萩城
③中津城
④島原城

問095

奈良時代・平安時代には陸奥国の国府が置かれ東北地方の要の城だったのはどれか。
①多賀城
②根城
③久保田城
④仙台城

問096　富山城の説明で正しくないものはどれか。
①縄張は連郭式である
②天正10年（1582）頃佐々成政が城主となった
③千歳御門が移築現存する
④鉄御門枡形には五つの鏡石がある

問097　7世紀築城とされる古代山城の鬼ノ城にないものはどれか。
①石垣
②門
③馬出
④土塁

問098　弥生時代になると外敵に備えて集落を堀で取り巻く環濠集落が出現した。次の中で弥生時代の環濠集落ではないのはどれか。
①伊場遺跡
②三内丸山遺跡
③池上曽根遺跡
④吉野ヶ里遺跡

問099　写真は海城の天守台だが、どの城のものか。
①津城
②三原城
③高松城
④今治城

問100　築城は地選、縄張、普請、作事の順番で行われるが、「普請」についての説明で間違いはどれか。
①曲輪の造成工事を行う
②堀の構築工事を行う
③石垣の構築工事を行う
④櫓などの構造物を建てる

日本城郭検定 3級問題

全100問（70問以上正答で合格）
試験時間60分

1回目	月	日	／100問
2回目	月	日	／100問
3回目	月	日	／100問

※6ページの解答用紙をご利用ください（実際の試験はマークシート方式です）。
※複数回答の可能性が指摘された問題に関しては、一部改訂を加えてあります。

解答・解説 ➡ 203ページ

問001　江戸時代の藩と城の組み合わせで間違いはどれか。
①長州藩—萩城
②薩摩藩—鹿児島城
③加賀藩—金沢城
④最上藩—久保田城

問002　小田原北条氏滅亡後、関東入封の家康牽制のため、秀吉が家臣を配置し甲斐を治める新たな拠点として築いた城はどれか。
①岩殿城
②新府城
③要害山城
④甲府城

問003　写真は表門などの建物が現存、平成8年（1996）に蔵番長屋などが復元された陣屋である。それはどれか。
①日田陣屋
②高山陣屋
③韮山陣屋
④笠松陣屋

問004　大正12年（1923）の関東大震災で倒壊、昭和9年（1934）に再建された平櫓のある城はどれか。
①小田原城
②佐倉城
③八王子城
④川越城

問005　江戸時代初期、キリシタンや農民による島原・天草一揆の舞台となった城で、平成30年（2018）に世界遺産に登録された城はどれか。
①熊本城
②島原城
③原城
④立花城

問006

本丸から瀬戸内海や瀬戸大橋が見える城はどれか。

①丸亀城

②宇和島城

③洲本城

④三原城

問007

江戸時代の御殿が本丸に現存している城はどれか。

①佐賀城

②掛川城

③高知城

④熊本城

問008

「大曲り」と称される曲がりくねった長大な城壁が残り、世界遺産に登録されているグスクはどれか。

①中城城

②今帰仁城

③首里城

④座喜味城

問009

城壁は天険の地に版築土塁を主体に築かれ、要所には高石垣が築かれた山城はどれか。

①大野城

②鬼ノ城

③千早城

④観音寺城

問010

関ケ原の戦いのあと、徳川幕府は大坂城や西国の諸藩の監視と備えとしての城を西日本を中心に造った。次のうち当てはまらないのはどれか。

①明石城

②篠山城

③犬山城

④名古屋城

問011 慶長16年（1611）、徳川家康が豊臣秀吉の遺児で19歳になった豊臣秀頼と会見した城はどこか。
①大坂城
②伏見城
③二条城
④淀城

問012 羽柴秀吉の軍師で菩提山城が居城の武将は誰か。
①黒田官兵衛
②石川数正
③竹中半兵衛
④黒田長政

問013 二条城に現存している国宝の御殿の名前はどれか。
①本丸御殿
②二の丸御殿
③三の丸御殿
④西の丸御殿

問014 城門は城の出口を固める重要な施設だが、写真のような2階建ての門は何と呼ぶか。
①高麗門
②長屋門
③埋門
④櫓門

問015 「天空の城」と呼ばれる城は各地にあるが、次の中で「天空の城」と呼ばれていないのはどれか。
①竹田城
②備中松山城
③越前大野城
④人吉城

問016

近世の城では城内に多くの種類の蔵が造られたが、数として一番多いのはどれか。

①金蔵
②塩蔵
③鉄砲蔵
④米蔵

問017

大阪城の現存建造物で最も古い建造物は千貫櫓だが、どこにあるか。

①本丸
②二の丸
③三の丸
④山里曲輪

問018

合流する2本の河川を天然の堀、断崖を城壁とした城で、天正3年（1575）武田勝頼の大軍に包囲されても持ちこたえた城はどれか。

①長篠城
②二俣城
③古宮城
④足助城

問019

大阪城の重要文化財に指定されている建造物で、明治時代に造られたのはどれか。

①大手門
②桜門
③多門櫓
④千貫櫓

問020

足利氏館に関する記述で誤りはどれか。

①中世の地方武士の典型的な館
②水堀と土塁に囲まれている
③櫓が今も残る
④方形の館跡

問021

戦国大名・北条氏の小田原城は難攻不落の堅城として名高いが、秀吉の小田原攻め以前、この城を攻め落とせなかった戦国武将は誰か。
①上杉謙信
②今川義元
③佐竹義重
④伊達政宗

問022

戦国期に今川氏が築城し、天正18年（1590）に山内一豊が城主となり、二の丸に御殿が現存するのはどれか。
①川越城
②駿府城
③高知城
④掛川城

問023

茶人で二条城二の丸の庭園を作庭した武将は誰か。
①織田有楽斎
②細川藤孝
③立花宗茂
④小堀遠州

問024

「忠臣蔵」で有名な浅野内匠頭が、吉良上野介に切りつけた江戸城の松の廊下はどの御殿にあったか。
①本丸御殿
②二の丸御殿
③三の丸御殿
④西の丸御殿

問025

上杉謙信が居城とした春日山城についての説明で誤りはどれか。
①中世の巨大な山城である
②山麓には復元された水堀がある
③本丸は石垣で築かれている
④春日山山頂には天守閣跡の石碑がある

3級問題

第20回

2級問題

準1級問題

解答・解説

1級問題

問026　天守や櫓を三重三階などと示すが、この「重」の説明で正しいものは
どれか。
①内部の階段の数
②入母屋造を重ねた数
③屋根の数
④壁の数

問027　月山富田城を本拠とした尼子氏の出自はどの守護大名家か。
①山名氏
②一色氏
③斯波氏
④京極氏

問028　畠山氏が築いた山城で、戊辰戦争では奥羽越列藩同盟に加わり、新政
府軍に攻められ落城、建物はすべて焼き払われた城はどれか。
①松前城
②長岡城
③鶴ヶ岡城
④二本松城

問029　天下普請で築かれた城はどれか。
①福岡城
②彦根城
③姫路城
④岡崎城

問030　天守は大きく2種類に分類される。望楼型と層塔型だが、層塔型天守
を初めて建てた武将は誰か。
①加藤清正
②黒田官兵衛
③高山右近
④藤堂高虎

問031

写真はどの城の櫓門か。

①丸亀城

②高知城

③姫路城

④大坂城

問032

「霜は軍営に満ちて秋気清し……」と、上杉謙信が漢詩を詠んだ山城で、その後、前田利家が織田信長から与えられた城はどれか。

①金沢城

②小松城

③富山城

④七尾城

問033

武田氏最後の城となった新府城の築城者は誰か。

①武田信虎

②武田信玄

③武田勝頼

④真田昌幸

問034

次の中で姫路城の城主でない人物は誰か。

①羽柴秀吉

②本多忠勝

③池田輝政

④羽柴秀長

問035

西国の覇者毛利氏が築いた巨城で、昭和33年（1958）に天守が再建され、平成6年（1994）には二の丸の太鼓櫓や平櫓が再建された城はどれか。

①郡山城

②広島城

③萩城

④岩国城

問036　小笠原忠真によって築かれた明石城は誰の命で築城されたか。
①豊臣秀吉
②徳川家康
③徳川秀忠
④徳川家光

問037　幕末、強権を振るった大老・井伊直弼の居城はどれか。
①犬山城
②川越城
③彦根城
④和歌山城

問038　国宝犬山城は江戸時代にある城の支城であった。ある城とはどれか。
①金沢城
②彦根城
③名古屋城
④小牧山城

問039　東北では珍しい花崗岩を使った多様な石垣が数多く残る城はどれか。
①盛岡城
②仙台城
③弘前城
④久保田城

問040　中国地方の戦国大名として月山富田城を居城に勢力を誇った尼子氏を滅ぼした武将は誰か。
①大内義興
②陶晴賢
③毛利元就
④毛利輝元

3級問題

第20回

2級問題

準1級問題

解答・解説

1級問題

問041　根城についての説明で誤りはどれか。
①近世の平山城である
②本丸跡に主殿が復元
③南北朝時代、南朝方の陸奥の拠点
④秀吉の諸城破却令で堀など破却

問042　写真は国宝松江城天守だが、天守は何重か。
①四重
②五重
③六重
④七重

問043　鎌倉時代末期、楠木正成が幕府の大軍を迎え撃ち、苦しめた城はどれか。
①高取城
②千早城
③大和郡山城
④竹田城

問044　明治維新後の士族の反乱による戦で、現存の鯱の門に弾痕が残っている城はどれか。
①萩城
②佐賀城
③熊本城
④鹿児島城

問045　東北地方の城は土造りの城が多いが、石垣造りの城もある。東北の石造り三大城郭とされるのは盛岡城、会津若松城のほかどれか。
①白石城
②白河小峰城
③久保田城
④山形城

問046

櫓には十二支の方角名を付けたものが多いが、巽櫓（辰巳櫓）はどの方角の櫓か。
①東北
②東南
③西北
④西南

問047

写真は家康ゆかりの城の天守だが、どの城か。
①小牧山城
②浜松城
③岡崎城
④駿府城

問048

写真は江戸城にある高麗門だが、どの門のものか。
①外桜田門
②清水門
③半蔵門
④田安門

問049

五重六階の天守の外壁が黒の下見板張であることから烏城の別名があり、表書院と本段御殿を結ぶ廊下門のある城はどれか。
①松本城
②岩国城
③岡山城
④和歌山城

問050

榛名山麓の河岸段丘上に築かれた天然の要塞で、大堀切や石垣、空堀が良好に残っている城はどれか。
①名胡桃城
②沼田城
③箕輪城
④岩櫃城

問051
伊東氏と島津氏が長年争った城で、昭和53年（1978）大手門が再建された城はどれか。
①人吉城
②飫肥城
③佐土原城
④岡城

問052
平成の復元ブームの先駆けとなった、木造で復元された三重櫓があるのはどの城か。
①岐阜城
②浜松城
③白河小峰城
④白石城

問053
弥生時代になると外敵に備えて集落を堀で取り巻く環濠集落が出現した。次の中で弥生時代の環濠集落ではないのはどれか。
①伊場遺跡
②三内丸山遺跡
③池上曽根遺跡
④吉野ヶ里遺跡

問054
石垣の築城技術の進化で正しいのはどれか。
①打込接→野面積→切込接
②切込接→打込接→野面積
③野面積→切込接→打込接
④野面積→打込接→切込接

問055
織田信長は勢力拡大に伴い次々と城を築いたが、信長の築城ではない城はどれか。
①小牧山城
②岐阜城
③安土城
④大坂城

問056　別名鶴丸城といわれ、天守を持たなかった城はどれか。
①大分府内城
②鹿児島城
③萩城
④島原城

問057　幕末の四賢公とその居城の組み合わせで誤っているのはどれか。
①島津斉彬—鹿児島城
②山内容堂—高知城
③松平春嶽—丸岡城
④伊達宗城—宇和島城

問058　丸岡城では城の屋根が寒さで割れないよう特殊な瓦が使われている。
それはどれか。
①鉛瓦
②石瓦
③銅瓦
④金箔瓦

問059　写真はある城の二の丸東大手門と櫓だが、どの城のものか。
①小諸城
②備中松山城
③福岡城
④山形城

問060　次のうち箕輪城にないものはどれか。
①水堀
②空堀
③石垣
④土塁

問061　天守の形式で小天守や付櫓がない独立式の天守を持つ城はどれか。
①越前大野城
②宇和島城
③彦根城
④備中松山城

問062　徳川家康が豊臣氏との最終決戦を前に、大坂城包囲網の強化のため天下普請によって1年未満で築城したのはどの城か。
①明石城
②福山城
③篠山城
④尼崎城

問063　藤堂高虎が築城した、約30mの高石垣で知られる城はどれか。
①和歌山城
②大洲城
③伊賀上野城
④今治城

問064　四つの山城と城下町を持つ朝倉氏の居城はどれか。
①福井城
②七尾城
③一乗谷城
④春日山城

問065　27基の櫓をそなえた近世の巨大山城で、山城には珍しい水堀が設けられていた城はどれか。
①高取城
②観音寺城
③大野城
④春日山城

問066

城郭と大名庭園の組み合わせで誤りはどれか。

①彦根城—玄宮園

②水戸城—偕楽園

③岡山城—後楽園

④宇和島城—衆楽園

問067

大坂夏の陣で豊臣大坂城は灰燼に帰したが、その後徳川大坂城を築城した将軍は誰か。

①家康

②秀忠

③家光

④吉宗

問068

天正6年（1578）から天正8年（1580）にかけて行われた三木合戦にて、羽柴秀吉が兵糧攻めにした三木城の城主は誰か。

①赤松政範

②梶原景行

③別所長治

④浦上宗景

問069

昭和20年（1945）まで残っていた着到櫓が戦災で焼失したのはどの城か。

①鹿児島城

②小倉城

③大分府内城

④盛岡城

問070

写真の櫓は彦根城を代表する櫓だが、それはどれか。

①太鼓門櫓

②多門櫓

③西の丸三重櫓

④天秤櫓

問071

川中島の戦いの舞台で、たびたび城主が入れ替わり名称も変わったが、江戸時代初頭の真田信之入封以降、真田氏の居城として維新を迎えた城はどれか。
①上田城
②松代城
③岩櫃城
④沼田城

問072

石垣の積み方で「算木積」と呼ばれる工法は、どの部位に使われるか。
①石垣の隅部
②石垣の基部
③石垣の頂部
④石垣の内部

問073

城と所在地の組み合わせで間違いはどれか。
①名護屋城—佐賀市
②原城—南島原市
③根城—八戸市
④鶴ヶ岡城—鶴岡市

問074

堀の底がU字の堀は、次のうちどれか。
①箱堀
②薬研堀
③毛抜堀
④片薬研堀

問075

元和3年（1617）、初代城主小笠原忠政に招聘された剣豪宮本武蔵が築庭や城下の町割に関わったと伝えられる城は、次のうちどれか。
①津山城
②明石城
③姫路城
④小倉城

問076

江戸時代、各藩中で最多の老中を輩出したことから「老中の城」とも呼ばれる城はどこか。

①甲府城

②佐倉城

③川越城

④浜松城

問077

姫路城の三国堀は池田輝政の所領に由来するといわれるが、次の国のうち輝政の領地でないのはどれか。

①播磨

②淡路

③備前

④安芸

問078

国宝松本城には大天守と小天守があるが、小天守はその方角から何と呼ばれているか。

①巽小天守

②艮小天守

③乾小天守

④坤小天守

問079

天正10年（1582）の本能寺の変の際、明智光秀はどの城から出陣し本能寺に向かったか。

①坂本城

②安土城

③丹波亀山城

④勝龍寺城

問080

写真の天守は市政20周年を記念して再建されたものだが、どの城か。

①岡崎城

②掛川城

③甲府城

④小田原城

問081 写真の三重櫓は桜の名所としても有名な城にあるが、どの城か。
①弘前城
②高田城
③高遠城
④松前城

問082 室町期以降、伊予の国の統治の中心となった城はどれか。
①湯築城
②大洲城
③松山城
④宇和島城

問083 近世の城でも、天守のない城はあった。次の中で天守がなかった城はどれか。
①岩国城
②仙台城
③萩城
④高松城

問084 斎藤道三・義龍父子が16世紀半ばに居城とした城はどれか。
①小牧山城
②美濃金山城
③稲葉山城
④苗木城

問085 沖縄のグスクと呼ばれる城はいろいろ特色がある。城門や城壁に見られる特色はどれか。
①土塁が多い
②跳ね橋門が多い
③レンガ造りの城壁が多い
④石造りアーチ門が多い

問086

加賀前田家2代当主・前田利長が築城、一国一城令で建物は破却されたが、広大な水堀や石垣は今も残るのはどの城か。

①富山城

②七尾城

③高田城

④高岡城

問087

本丸、二の丸、三の丸を並列に配置する城の縄張を何と呼ぶか。

①梯郭式

②連郭式

③輪郭式

④円郭式

問088

大天守と2基以上の小天守または櫓を渡櫓で接続している形式の天守を「連立式天守」と呼ぶが、次の城のうち連立式天守はどれか。

①名古屋城

②島原城

③彦根城

④松山城

問089

城名と別名の組み合わせで間違いはどれか。

①犬山城—白帝城

②岡山城—鶴城

③仙台城—青葉城

④広島城—鯉城

問090

3代将軍家光の乳母・春日局の子、稲葉正勝が城主の時に大改修して現在の形になったとされる城はどれか。

①小田原城

②川越城

③山中城

④甲府城

問091

城、あるいは曲輪の出入口である虎口の守備をさらに堅固にするために土塁や石垣を配置し、周りに堀をうがった小さな区画のことを何というか。
①武者出
②車出
③馬出
④搦手

問092

写真は城の内側から土塁や石垣に上がるための階段だが、何というか。
①合坂
②雁木
③武者走
④犬走

問093

作曲家滝廉太郎が、『荒城の月』を作曲する際にイメージしたといわれる城はどれか。
①仙台城
②小諸城
③竹田城
④岡城

問094

城名と現存櫓の組み合わせで正しくないものはどれか。
①江戸城―月見櫓
②姫路城―化粧櫓
③大洲城―本丸台所櫓
④大分府内城―宗門櫓

問095

長野県にある次の城で平山城はどれか。
①松本城
②高遠城
③松代城
④上田城

問096　二重二階の三十間長屋という名の多門櫓が現存するのはどの城か。
①洲本城
②金沢城
③新発田城
④彦根城

問097　関ケ原の戦い後、常陸国から転封された佐竹氏が築城した、石垣がほぼなく土塁と堀を巡らせた城はどれか。
①山形城
②久保田城
③白石城
④米沢城

問098　写真は現存の天守にある忍返と石落だが、どの城のものか。
①姫路城
②弘前城
③高知城
④丸亀城

問099　令和4年（2022）に築城400年を迎えた城で、伏見城からの移築と伝わる三重櫓の伏見櫓と筋鉄御門が現存している城はどれか。
①福山城
②篠山城
③尼崎城
④明石城

問100　築城以来一度も城攻めにあっていない城はどれか。
①松前城
②犬山城
③佐賀城
④宇和島城

日本城郭検定
2級問題

全100問（70問以上正答で合格）
試験時間60分

1回目	月	日	／100問
2回目	月	日	／100問
3回目	月	日	／100問

※6ページの解答用紙をご利用ください（実際の試験はマークシート方式です）。
※複数回答の可能性が指摘された問題に関しては、一部改訂を加えてあります。

解答・解説 ➡ 205ページ

問001

写真は現存の三重櫓だが、この三重櫓は
どの城のものか。

①岡山城

②弘前城

③彦根城

④明石城

問002

小田原北条氏の支城で荒川の河岸段丘上にある城はどれか。

①忍城

②鉢形城

③滝山城

④杉山城

問003

岡山城、一乗谷城、二条城の共通点はどれか。

①唐門が現存している

②天守は複合式だった

③庭園が国の特別名勝に指定されている

④縄張が連郭式

問004

明治になって旧藩士が城にコヒガンザクラを植樹。今では全国的な桜
の名所となった信州の城はどれか。

①高遠城

②小諸城

③上田城

④松本城

問005

土塁と水堀で囲まれた輪郭式の縄張の平城で、本丸には２基の御三階
櫓、二の丸には４基の二重櫓があった城はどれか。

①米沢城

②浪岡城

③盛岡城

④山形城

問006　月見櫓は戦乱のない江戸時代を象徴する櫓だが、復元を含め月見櫓がない城はどれか。
①福山城
②松本城
③岡山城
④駿府城

問007　水戸城に関する説明で誤りはどれか。
①三重五階の御三階櫓は明治の廃城令で破壊された
②石垣は使用されず、土塁の城である
③典型的な連郭式の縄張りである
④三の丸には水戸藩藩校の弘道館が現存している

問008　大屋根の入母屋破風以外は切妻破風しかない天守の城はどれか。
①彦根城
②姫路城
③宇和島城
④弘前城

問009　太鼓櫓はどの城にもあったが現存例は少ない。現存の太鼓櫓のある城はどれか。
①福岡城
②松本城
③大垣城
④掛川城

問010　江戸は日本で一番大きい総構の城下町だが、外郭城門はどれか。
①虎ノ門
②田安門
③桔梗門
④半蔵門

問011　徳川家康は幕府を開くまで居城を次々と変えた。居城移転の順番が正しいのはどれか。

①浜松城→駿府城→江戸城→岡崎城

②岡崎城→浜松城→駿府城→江戸城

③浜松城→岡崎城→駿府城→江戸城

④岡崎城→浜松城→江戸城→駿府城

問012　石垣の積石の背後（裏面）には、小石を固く詰め込んで石垣全体の安全性を高めている。この小石は何と呼ぶか。

①間詰石

②裏込石

③根石

④角脇石

問013　城造りの中で作事では使われない道具はどれか。

①修羅

②墨壺

③鉋

④鋸

問014　縄張の形式が輪郭式でないのはどれか。

①盛岡城

②駿府城

③山形城

④二条城

問015　関ケ原の戦いの功績で土佐の領主となった山内一豊は、領内支配のため土居（居館）を各地に配置した。該当しないのはどこか。

①安芸城

②佐川城

③岡豊城

④宿毛城

問016 戦国時代、九州で島津氏と伊東氏が100年以上もの間争った城はどれか。
①人吉城
②薩摩清色城
③飫肥城
④大分府内城

問017 野面積で積まれた写真の天守台はどの城のものか。
①福岡城
②明石城
③二本松城
④甲府城

問018 能登守護の畠山氏の居城・七尾城は石垣が使われた山城だが、その石垣の特徴はどれか。
①扇の石垣がある
②高石垣がある
③低い野面積石垣を数段積み上げている
④切込接の石垣が多い

問019 国指定史跡のうち特に学術上の価値の高いものは国指定特別史跡に指定されている。特別史跡でないのはどれか。
①水戸城
②五稜郭
③安土城
④大阪城

問020 南北朝時代、各地の山岳寺院が山城として利用された。その事例に該当する城はどれか。
①七尾城
②摩耶山城
③宮津城
④佐土原城

問021　会津若松城は蘆名氏が城主だった室町時代には何と呼ばれていたか。
①米沢城
②会津城
③向羽黒山城
④黒川城

問022　大宰府防衛を担った補給基地の城はどこか。
①水城
②大野城
③基肄城
④鞠智城

問023　8世紀ごろの日本海側最北の代表的城柵はどれか。
①磐舟柵
②秋田城
③多賀城
④城輪柵

問024　豊臣秀吉の猶子であり岡山城主であったが、西軍の副大将として関ケ原の戦いにのぞみ、敗れて八丈島に流罪となった戦国大名は誰か。
①安国寺恵瓊
②宇喜多秀家
③浅野長政
④小早川秀秋

問025　能島城は村上海賊の代表的な海城だが、能島城についての説明で誤りはどれか。
①能島城は能島と鯛崎島の全体を城郭化した城である
②近年の発掘調査で出土遺物の年代が14世紀中頃までさかのぼることができる
③海岸部では岩礁ピット（船を繋ぐための柱穴など）が確認できる
④土塁や竪堀も発見されている

問026

山城の重要な防御施設として、敵に山を登らせないために斜面を削った急斜面がある。それは何というか。

①切土

②石落

③切岸

④障子堀

問027

浮城とも呼ばれる写真の城はどれか。

①高島城

②忍城

③三原城

④富山城

問028

写真の復元土塁と復元櫓は「吊り天井」の伝承が知られる城のものである。この城はどれか。

①岩槻城

②忍城

③宇都宮城

④古河城

問029

大阪城の櫓の中で現存している櫓はどれか。

①二番櫓

②七番櫓

③千貫櫓

④太鼓櫓

問030

姫路城大天守は国宝だが、姫路城には国宝の建造物は大天守を含め何棟あるか。

①7棟

②8棟

③9棟

④10棟

問031　大和郡山城の城主でないのは誰か。
①筒井順慶
②豊臣秀長
③柳澤吉里
④松永久秀

問032　「鉢巻石垣」と呼ばれる形状の石垣についての説明で間違いはどれか。
①土塁の基底部を保護している
②彦根城でみられる
③土塁と石垣を併用する時に使用される
④石垣の節約にもなる

問033　月見櫓、西の丸西手櫓が現存する城はどれか。
①松本城
②大分府内城
③広島城
④岡山城

問034　鉄御門枡形に五つの鏡石がある城はどれか。
①上田城
②山形城
③玄蕃尾城
④富山城

問035　戦国時代は小田原北条氏や越後の上杉氏による争奪の舞台となった関東の山城で、本丸周辺には高さ８ｍの高石垣が残り、平成26年（2014）に国指定史跡に指定された城はどれか。
①笠間城
②唐沢山城
③岩櫃城
④名胡桃城

問036

豊臣秀吉が築いた大坂城天守に関する記述で誤りはどれか。

①天守の屋根は金箔瓦が葺かれていた

②天守は五重の望楼型天守だった

③最初の層塔型天守だった

④外壁は黒漆塗の下見板張であった

問037

江戸幕府は武家諸法度で新たな築城は禁じたが、石高（10万石）に相応しい城との理由で丹羽長重が築城を認められた城とはどれか。

①松坂城

②米沢城

③高田城

④白河小峰城

問038

天智天皇6年（667）に標高約275mの城山に築かれた写真の城はどの城か。

①大野城

②基肄城

③金田城

④鬼ノ城

問039

天正18年（1590）箕輪城の城主になった徳川四天王は誰か。

①井伊直政

②本多忠勝

③榊原康政

④酒井忠次

問040

本丸南面に全国でも珍しい半同心円状の落し積石垣がある城はどれか。

①白河小峰城

②大分府内城

③明石城

④津山城

問041　豊臣秀吉は小田原攻めで、小田原城を見下ろす山に陣城を築いた。一夜城と呼ばれるが、実際に築城にかかった日数はどれか。
①約10日
②約30日
③約80日
④約180日

問042　「はつり」「すだれ」という用語に関連のあるのはどれか。
①櫓
②門
③堀
④石垣

問043　天守の屋根はほとんど瓦葺だが、柿葺だった城はどれか。
①岩国城
②犬山城
③小諸城
④高島城

問044　東海道が城下に入る道を、防御のために曲げて造り、「二十七曲り」の碑がある城下町はどれか。
①掛川
②吉田
③小田原
④岡崎

問045　敵の侵入防止と川の氾濫防止を兼ねた「おかこい山」と称する土塁の遺構が残る近世の海城はどれか。
①赤穂城
②萩城
③今治城
④中津城

問046　「賤ヶ岳の戦い」で有名な玄蕃尾城を築いたのは誰か。
①前田利家
②柴田勝豊
③佐久間盛政
④柴田勝家

問047　櫓門は二つの形式がある。櫓が両脇の石垣（土塁）に延びているものと延びていないものがある。次の中で櫓が両袖の石垣の上に延びている櫓門はどれか。
①弘前城追手門
②姫路城菱の門
③丸亀城大手門
④高知城黒鉄門

問048　史実と同じ位置に同じ外観と内部構造で木造再建された天守を復元天守というが、復元天守の城はどれか。
①岡山城
②小倉城
③岸和田城
④大洲城

問049　高知城の天守高欄にはある特徴がある。それは何か。
①金箔塗
②欄間
③朱塗
④擬宝珠

問050　西洋式稜堡城郭である佐久市の龍岡城で現存建築物はどれか。
①お台所
②大手門
③黒門
④砲台

問051 海と川に面した城で、舟入門と水入門があり、江戸時代の絵図では天守は描かれていないが、昭和41年（1966）に模擬天守が建てられた城はどれか。
①津城
②中津城
③能島城
④唐津城

問052 徳川四天王の一人、榊原康政が改修し居城としたが、一時廃城になり、その後再興されて幕末まで残った城はどれか。
①館林城
②箕輪城
③川越城
④佐倉城

問053 小田原北条氏は小田原城を中心に関東一円に強大な支城ネットワークを構築したが、支城でないのはどれか。
①小机城
②鉢形城
③江尻城
④玉縄城

問054 現存天守である次の4城の中で、高欄のない天守はどれか。
①丸岡城
②高知城
③犬山城
④松本城

問055 戦国期の武田・徳川の攻防戦と関係ない城はどれか。
①美濃金山城
②高天神城
③二俣城
④諏訪原城

問056　山城の「横山城」と山麓の居館「お土居」で縄張された城で、元和の一国一城令で山城部分は廃城となったが、居館部分は幕末まで政庁として使われた城はどれか。
①春日山城
②津和野城
③岩国城
④岡城

問057　野原櫓は唯一現存する望楼型の二重の櫓だが、どの城にあるか。
①松山城
②姫路城
③彦根城
④高知城

問058　現在の江戸城にない櫓はどれか。
①三重櫓
②二重櫓
③重箱櫓
④多聞櫓

問059　石垣の石を切り出す際，石に穴を開けて鉄製の楔を打ち込み亀裂を入れて切り出した。その楔用の穴を何と呼ぶか。
①矢穴
②弓穴
③刀穴
④槍穴

問060　大阪城本丸の桜門の石垣には「蛸石」といわれる巨石があるが、この巨石の面積は畳何畳分あるか。
①20畳
②26畳
③30畳
④36畳

問061　岩国城天守は南蛮造（唐造）と呼ばれているが、同じ形式の天守があった城はどれか。
①大洲城
②高松城
③徳島城
④今治城

問062　江戸時代の上田城本丸には七つの櫓があった。再移築を含めて現存していない櫓はどれか。
①東櫓
②西櫓
③南櫓
④北櫓

問063　築城の名人・藤堂高虎が手掛けた城は多いが、高虎が縄張や築城に関係していない城はどれか。
①膳所城
②篠山城
③赤木城
④田丸城

問064　洲本城に関する説明で間違いはどれか。
①淡路水軍を率いた安宅氏の築城とされる
②三熊山山頂の「上の城」と山麓の「下の城」に分かれている
③東西2条の「登り石垣」がある
④現在の模擬天守は東京オリンピック開催を記念して建造された

問065　平成9年（1997）に国の指定史跡になった山城で、中世伊予と土佐の国境最前線の城はどれか。
①湯築城
②岡豊城
③引田城
④河後森城

問066 本丸の北東側に六段からなり「六段壁」と呼ばれる立派な石垣のある城はどれか。
①丸亀城
②津山城
③岩村城
④鳥取城

問067 沖縄のグスクの石垣に使われている石はどれか。
①石灰岩
②安山岩
③大理石
④砂岩

問068 城を守るための門は建築様式や目的などによって名称がつけられている。戸無門、隠門、筒井門などがある城はどれか。
①姫路城
②松山城
③和歌山城
④名古屋城

問069 島原城の説明として正しくないものはどれか。
①五重五階の層塔型天守が再建されている
②松倉氏の後には高力氏、松平氏が城主となっている
③天草・島原一揆で一揆勢が立て籠もった
④巽三重櫓、丑寅三重櫓が再建されている

問070 会津若松城の五重五階の天守は昭和40年（1965）に復元されたが、同年に復元された建造物はどれか。
①干飯櫓
②走長屋
③南走長屋
④茶室麟閣

問071

福知山城内にある井戸は日本の城郭有数の深さを誇り、今もなお清らかな水をたたえている。井戸の名前はどれか。

①お茶の水井

②千貫井

③金明水 ，

④豊磐の井

問072

平成29年（2017）に松江市歴史館の収蔵品から江戸城の最古級絵図が発見され話題になったがそれはどれか。

①江戸始図

②慶長江戸絵図

③正保城絵図

④別本江戸図

問073

櫓門の中には上の櫓と続櫓を接続し、敵兵に横矢を掛ける仕組みの門もある。それはどれか。

①二条城二の丸東大手門

②佐賀城鯱の門

③福山城本丸筋鉄門

④江戸城桜田門

問074

写真の埋門は高石垣が残る近世城郭にあるが、それはどの城か。

①岡城

②彦根城

③七尾城

④八王子城

問075

秀吉の奥羽仕置きにより改易された田村氏の築城とされる城で、その後江戸期の城主秋田氏によって本丸下に天守代用の三重三階の櫓が建てられていた。それはどれか。

①三春城

②九戸城

③多賀城

④笠間城

問076　小田原北条氏初代の北条早雲（伊勢盛時）が最初に兵を挙げた城はどれか。
①韮山城
②興国寺城
③高天神城
④狩野城

問077　戦国時代、中国地方で覇をとなえた大内氏の詰城・高嶺城が廃城となったのはどの時期か。
①大内氏が毛利氏に滅ぼされたとき
②関ケ原の戦いの後、毛利氏の移封時
③元和の一国一城令
④明治の廃城令

問078　江戸幕府が出した元和の一国一城令は、元和何年に発令されたか。
①元和元年
②元和5年
③元和10年
④元和15年

問079　写真は弘前城の重要文化財の三重櫓だが、櫓名はどれか。
①二の丸辰巳櫓
②艮櫓
③西北隅櫓
④西の丸三重櫓

問080　竪堀は山の斜面に対して垂直に掘られた堀だが、この竪堀を連続して配した堀の名称はどれか。
①切岸
②堀切
③障子堀
④畝状竪堀

問081　天守には各種の防御施設が設けられるが、現存するものとしては全国唯一の「忍返」がある城はどこか。
①名古屋城
②熊本城
③浜松城
④高知城

問082　次の戦国武将の中で、居城が山城でなかったのは誰か。
①宇喜多秀家
②上杉謙信
③尼子経久
④長宗我部元親

問083　城と現存門の組み合わせで間違いはどれか。
①福江城―搦手門
②丸亀城―上り立ち門
③小諸城―三の門
④江戸城―田安門

問084　現存最古といわれる噴水があり、松平定信が命名した大名庭園を持つ城はどこか。
①水戸城
②金沢城
③彦根城
④岡山城

問085　天守や櫓にある石落は、外観上から三種に分類されるが、あてはまらないのはどれか。
①戸袋型
②板壁型
③袴腰型
④出窓型

問086　姫路城内で一番高い石垣は帯櫓の高石垣だが高さはどの程度あるか。
①約13m
②約23m
③約33m
④約40m

問087　二つの川を堀とし、川の合流点の断崖を城壁として築城された城で、武田軍と織田・徳川連合軍との合戦の場となったのはどれか。
①鉢形城
②高天神城
③古宮城
④長篠城

問088　石垣の最上部を跳ね出させたものを跳出石垣というが、次の城で跳出石垣があるのはどれか。
①洲本城
②津城
③人吉城
④岡城

問089　写真は山城にある雪隠の遺構だがどの城にあるか。
①大野城
②月山富田城
③観音寺城
④備中松山城

問090　近世城郭では櫓は防衛の要であり、大城郭では多数建てられたが、70を超える櫓を配した城はどれか。
①熊本城
②福岡城
③岡山城
④広島城

問091

宣教師ルイス・フロイスが信長に会見し、安土城や岐阜城などについて書いた書名はどれか。
①日本滞在見聞録
②信長公記
③菊と刀
④日本史

問092

本能寺の変後、家康が支配・築城し、秀吉の天下統一で秀吉の支配下になり、関ケ原の戦いで再び徳川の領地となり、戊辰戦争では無血開城した城はどこか。
①名古屋城
②駿府城
③甲府城
④小田原城

問093

嘉永年間（1848～1854）の幕府直轄の城は3城あったが、あてはまらないのはどれか。
①大坂城
②甲府城
③和歌山城
④駿府城

問094

江戸中期に信州上田の仙石氏が国替え時、そば職人を連れて転封したことからそばが名物となった城下町はどれか。
①米沢
②出石
③出雲
④篠山

問095

男鹿半島のつけ根の標高約100mの丘陵に位置する場所にある城はどれか。
①浪岡城
②九戸城
③秋田城
④脇本城

問096

小田原城の総構は総延長距離は何kmか。

①約4km

②約6km

③約9km

④約12km

問097

多賀城の外郭防衛構築物としてはどの塀が使われているか。

①石塀

②板塀

③築地塀

④練塀

問098

根城の曲輪を分けるV字の堀の種類はどれか。

①箱堀

②毛抜き堀

③薬研堀

④畝堀

問099

戊辰戦争では近世城郭が実戦に使われた。大規模な戦闘が繰り広げられたのは、会津若松城・白河小峰城などだが、他にもあった。それはどの城か。

①佐倉城

②長岡城

③山形城

④川越城

問100

秀吉の小田原攻めで活躍した水軍の居城として有名で、天守台の遺構はあるが天守は築かれなかった。船入櫓跡の石垣などが残る海城はどれか。

①三原城

②鳥羽城

③平戸城

④米子城

日本城郭検定 2級問題

全100問（70問以上正答で合格）
試験時間60分

1回目	月	日	／100問
2回目	月	日	／100問
3回目	月	日	／100問

※6ページの解答用紙をご利用ください（実際の試験はマークシート方式です）。
※複数回答の可能性が指摘された問題に関しては、一部改訂を加えてあります。

解答・解説 ➡ 207ページ

問001　天守は、付属する建築物によって4種類に大別されるが、次の城の中で区別が間違っているのはどれか。
①連立式の松山城
②連結式の広島城
③複合式の名古屋城
④独立式の宇和島城

問002　『石火矢町ふるさと村』は、県指定の町並み保存地区だが、どの城の城下町か。
①備中松山城
②飫肥城
③唐沢山城
④一乗谷城

問003　月見櫓は戦乱のない江戸時代を象徴する櫓だが、復元を含め月見櫓がない城はどれか。
①福山城
②松本城
③岡山城
④駿府城

問004　石垣の石を切り出す際、石に穴を開けて鉄製の楔を打ち込み亀裂を入れて切り出した。その楔用の穴を何と呼ぶか。
①矢穴
②弓穴
③刀穴
④槍穴

問005　秀吉の小田原攻めで活躍した水軍の居城として有名で、天守台の遺構はあるが天守は築かれなかった。船入櫓跡の石垣などが残る海城はどれか。
①三原城
②鳥羽城
③平戸城
④米子城

問006

徳川家康の孫娘、千姫の化粧料で造営されたと伝わる姫路城の西の丸だが、その化粧料はどの程度だったといわれているか。

①1万石

②3万石

③5万石

④10万石

問007

「賤ヶ岳の戦い」で有名な玄蕃尾城を築いたのは誰か。

①前田利家

②柴田勝豊

③佐久間盛政

④柴田勝家

問008

本丸南面に全国でも珍しい半同心円状の落し積石垣がある城はどれか。

①白河小峰城

②大分府内城

③明石城

④津山城

問009

次の現存天守のうちで、建造年が一番古い天守はどれか。

①弘前城

②彦根城

③姫路城

④丸亀城

問010

城造りで使われた「修羅」はどの段階で使われた道具か。

①地選

②縄張

③普請

④作事

問011　文化庁が定めた再建基準を満たし、史実と同じ位置に同じ外観と内部構造で木造再建された天守を復元天守というが、次のうち復元天守はどれか。
①大洲城
②広島城
③小田原城
④岡山城

問012　「はつり」「すだれ」という用語に関連のあるのはどれか。
①櫓
②門
③堀
④石垣

問013　徳川家康は幕府を開くまで居城を次々と変えた。居城移転の順番が正しいのはどれか。
①浜松城→駿府城→江戸城→岡崎城
②岡崎城→浜松城→駿府城→江戸城
③浜松城→岡崎城→駿府城→江戸城
④岡崎城→浜松城→江戸城→駿府城

問014　嘉永年間（1848〜1854）の幕府直轄の城は大坂城・駿府城など3城あった。あと一つはどれか。
①高田城
②甲府城
③名古屋城
④福井城

問015　平成9年（1997）に本丸南御門、五の平櫓、六の平櫓などが復元された城はどれか。
①金沢城
②松山城
③備中松山城
④新発田城

問016　戦国時代は小田原北条氏や越後の上杉氏による争奪の舞台となった関東の山城で、本丸周辺には高さ8mの高石垣が残り、平成26年(2014)に国指定史跡に指定された城はどれか。
①笠間城
②唐沢山城
③岩櫃城
④名胡桃城

問017　国指定史跡のうち特に学術上の価値の高いものは国指定特別史跡に指定されている。特別史跡でないのはどれか。
①水戸城
②五稜郭
③安土城
④大阪城

問018　石垣の最上部を跳ね出させたものを跳出石垣というが、次の城で跳出石垣がないのはどれか。
①人吉城
②五稜郭
③龍岡城
④岡城

問019　岩国城天守は南蛮造(唐造)と呼ばれているが、同じ形式の天守があった城はどれか。
①大洲城
②高松城
③徳島城
④今治城

問020　大宰府防衛を担った補給基地の城はどこか。
①水城
②大野城
③基肄城
④鞠智城

問021　大洲城は天守の両脇に二つの櫓を従える連結式天守だが、二つの櫓とはどれか。
①台所櫓と高欄櫓
②高欄櫓と太鼓櫓
③太鼓櫓と鉄砲櫓
④太鼓櫓と伏見櫓

問022　名古屋城の隅櫓で別名「清洲櫓」と呼ばれる櫓はどれか。
①西の丸西南隅櫓
②二の丸東南隅櫓
③二の丸東北隅櫓
④御深井丸西北隅櫓

問023　姫路城内で一番高い石垣は帯櫓の高石垣だが高さはどの程度あるか。
①約13m
②約23m
③約33m
④約40m

問024　太鼓櫓はどの城にもあったが現存例は少ない。現存の太鼓櫓のある城はどれか。
①福岡城
②松本城
③大垣城
④掛川城

問025　岡山城、一乗谷城、二条城の共通点はどれか。
①唐門が現存している
②天守は複合式だった
③庭園が国の特別名勝に指定されている
④縄張が連郭式

問026　戦国時代、中国地方で覇をとなえた大内氏の詰城・高嶺城が廃城となったのはどの時期か。
①大内氏が毛利氏に滅ぼされたとき
②関ケ原の戦いの後、毛利氏の移封時
③元和の一国一城令
④明治の廃城令

問027　能登守護の畠山氏の居城・七尾城は石垣が使われた山城だが、その石垣の特徴はどれか。
①扇の石垣がある
②高石垣がある
③低い野面積石垣を数段積み上げている
④切込接の石垣が多い

問028　江戸城の天守は3度建てられているが、次の将軍の中で天守を建てていないのは誰か。
①徳川家康
②徳川秀忠
③徳川家光
④徳川吉宗

問029　西洋式稜堡城郭である佐久市の龍岡城で、現存建築物はどれか。
①お台所
②大手門
③黒門
④砲台

問030　現存天守で一番新しい天守はどれか。
①松山城
②高知城
③弘前城
④松本城

問031　近世城郭では櫓は防衛の要であり、大城郭では多数建てられたが、70を超える櫓を配した城はどれか。
①熊本城
②福岡城
③岡山城
④広島城

問032　根城についての説明で誤りはどれか。
①南北朝時代、陸奥南朝方の拠点
②秀吉の諸城破却令により堀など破壊
③平成6年主殿・鍛冶工房などが復元
④近世の平山城

問033　彦根城には重要文化財5件の遺構があるが、他の城郭にはない重要文化財がある。それはどれか。
①望楼型天守
②登り石垣
③馬屋
④大名庭園

問034　山城の重要な防御施設として、敵に山を登らせないために斜面を削った急斜面がある。それは何というか。
①切土
②石落
③切岸
④障子堀

問035　古代山城として知られる岡山県の鬼ノ城には版築土塁の城壁が巡らされていた。この版築土塁説明で正しいのはどれか。
①屋根を付けた土塁
②板枠に土を入れて固めた土塁
③石の土台に土を盛った土塁
④土れんがを積んだ土塁

問036 小田原北条氏は小田原城を中心に関東一円に強大な支城ネットワークを構築したが、支城でないのはどれか。
①小机城
②鉢形城
③江尻城
④玉縄城

問037 国内の古代山城で鞠智城だけでしか見られないものはどれか。
①貯水池
②礎石建物群
③八角形建物
④烽火施設

問038 冬の凍結により瓦が割れる対策として使われた瓦の材料と、城郭の組み合わせで誤っているものはどれか。
①金沢城―海鼠瓦
②丸岡城―石瓦
③会津若松城―赤瓦
④弘前城―銅瓦

問039 江戸幕府が出した元和の一国一城令は、元和何年に発令されたか。
①元和元年
②元和5年
③元和10年
④元和15年

問040 本丸と二の丸を結ぶ廊下橋（詰門）の階上は家臣の詰間と渡り廊下、階下は門という独特の櫓門がある城はどれか。
①高知城
②小田原城
③金沢城
④高松城

問041　石垣の積石の背後（裏面）には、小石を固く詰め込んで石垣全体の安全性を高めている。この小石は何と呼ぶか。
①間詰石
②裏込石
③根石
④角脇石

問042　豊臣秀吉の家臣・蜂須賀家政が築城し、平成元年（1989）に城の大手門にあたる「鷲の門」が再建されたのはどの城か。
①長浜城
②明石城
③洲本城
④徳島城

問043　羽柴秀吉は攻城戦で水攻めの戦法を使ったが、秀吉が直接陣頭指揮を執っていなかった戦はどれか。
①尾張竹ヶ鼻城の戦い
②武蔵忍城の戦い
③備中高松城の戦い
④紀州太田城の戦い

問044　次の戦国武将の中で、居城が山城でなかったのは誰か。
①宇喜多秀家
②上杉謙信
③尼子経久
④長宗我部元親

問045　江戸中期に信州上田の仙石氏が国替え時、そば職人を連れて転封したことからそばが名物となった城下町はどれか。
①米沢
②出石
③出雲
④篠山

問046

洲本城に関する説明で間違いはどれか。
①淡路水軍を率いた安宅氏の築城とされる
②三熊山山頂の「上の城」と山麓の「下の城」に分かれている
③東西2条の「登り石垣」がある
④現在の模擬天守は東京オリンピック開催を記念して建造された

問047

天正18年（1590）に箕輪城の城主になった徳川四天王は誰か。
①井伊直政
②本多忠勝
③榊原康政
④酒井忠次

問048

平成9年（1997）に国の指定史跡になった山城で、中世伊予と土佐の国境最前線の城はどれか。
①湯築城
②岡豊城
③引田城
④河後森城

問049

南北朝時代、各地の山岳寺院が山城として利用された。その事例に該当する城はどれか。
①七尾城
②摩耶山城
③宮津城
④佐土原城

問050

縄張の形式が輪郭式でないのはどれか。
①盛岡城
②駿府城
③山形城
④二条城

問051　長篠城、三原城、甲府城の共通点はどれか。
①縄張が連郭式である
②平城である
③大手門が復元されている
④城地が鉄道で分断されている

問052　天守に華頭窓数が最も多いのはどの城か。
①姫路城
②広島城
③犬山城
④彦根城

問053　男鹿半島のつけ根の標高約100mの丘陵に位置する場所にある城はどれか。
①浪岡城
②九戸城
③秋田城
④脇本城

問054　慶長15年（1610）に徳川家康の命により、天下普請で築城が始まった城はどれか。
①駿府城
②名古屋城
③彦根城
④大坂城

問055　秀吉の奥羽仕置きにより改易された田村氏の築城とされる城で、その後江戸期の城主秋田氏によって本丸下に天守代用の三重三階の櫓が建てられていた。それはどれか。
①三春城
②九戸城
③多賀城
④笠間城

問056　江戸幕府の一国一城令の対象外として明治まで存続した城はどれか。
①岩国城
②米沢城
③白石城
④赤穂城

問057　能島城は村上海賊の代表的な海城だが、能島城についての説明で誤りはどれか。
①能島城は能島と鯛崎島の全体を城郭化した城である
②近年の発掘調査で出土遺物の年代が14世紀中頃までさかのぼることができる
③海岸部では岩礁ピット（船を繋ぐための柱穴など）が確認できる
④土塁や竪堀も発見されている

問058　海と川に面した城で、舟入門と水入門があり、江戸時代の絵図では天守は描かれていないが、昭和41年（1966）に模擬天守が建てられた城はどれか。
①津城　　　　　　　　②中津城
③能島城　　　　　　　④唐津城

問059　写真は岡山城の天守である。この天守の説明として正しいものはどれか。
①望楼型・複合式
②望楼型・連結式
③望楼型・連立式
④層塔型・連結式

問060　竪堀は山の斜面に対して垂直に掘られた堀だが、この竪堀を連続して配した堀の名称はどれか。
①切岸
②堀切
③障子堀
④畝状竪堀

問061

大阪城の櫓の中で現存している櫓はどれか。

① 二番櫓
② 七番櫓
③ 千貫櫓
④ 太鼓櫓

問062

小田原城の総構は総延長距離は何kmか。

① 約4km
② 約6km
③ 約9km
④ 約12km

問063

本能寺の変後、家康が支配・築城し、秀吉の天下統一で秀吉の支配下になり、関ケ原の戦いで再び徳川の領地となり、戊辰戦争では無血開城した城はどこか。

① 名古屋城
② 駿府城
③ 甲府城
④ 小田原城

問064

二つの川を堀とし、川の合流点の断崖を城壁として築城された城で、武田軍と織田・徳川連合軍との合戦の場となったのはどれか。

① 鉢形城
② 高天神城
③ 古宮城
④ 長篠城

問065

東海道新幹線の車窓から見える写真の城はどの城か。

① 浜松城
② 長浜城
③ 清洲城
④ 小田原城

3級問題

2級問題

第18回

準1級問題

解答・解説

1級問題

問066

仙台城の天守に関する記述で正しいのはどれか。
①築城時、天守は築かれなかった
②江戸時代前期、落雷で焼失
③明治の廃城令で破壊
④太平洋戦争で焼失

問067

福知山城内にある井戸は日本の城郭有数の深さを誇り、今もなお清らかな水をたたえている。井戸の名前はどれか。
①お茶の水井
②千貫井
③金明水
④豊磐の井

問068

山城の「横山城」と山麓の居館「お土居」で縄張された城で、元和の一国一城令で山城部分は廃城となったが、居館部分は幕末まで政庁として使われた城はどれか。
①春日山城
②津和野城
③岩国城
④岡城

問069

戦国期の武田・徳川の攻防戦と関係ない城はどれか。
①美濃金山城
②高天神城
③二俣城
④諏訪原城

問070

次のうち香川県にある城はどれか。
①引田城
②河後森城
③一宮城
④能島城

問071

近世城郭の土塁の底辺は何と呼ぶか。
①敷
②武者走
③合坂
④馬踏

問072

現在の江戸城にない櫓はどれか。
①三重櫓
②二重櫓
③重箱櫓
④多聞櫓

問073

江戸時代の史料によると正保年間(1644～1648)に台風で天守が倒壊、その後二の丸に紀州藩の陣屋が置かれ、紀州藩領として明治維新を迎えた城はどれか。
①松阪城
②北畠氏館
③紀伊鳥屋城
④松ヶ島城

問074

沖縄のグスクと呼ばれる城で、琉球王国が三国に分かれていた13～15世紀に、北山王の居城だったのはどれか。
①首里城
②座間味城
③今帰仁城
④中城城

問075

小田原北条氏の支城で、現在見られる巨大な空堀や馬出、本丸虎口の石敷き通路は武田氏の侵攻に備えて北条氏照が改修したとされる城はどれか。
①小机城
②鉢形城
③滝山城
④八王子城

3級問題

2級問題

第18回

準1級問題

解答・解説

1級問題

問076

天正14年（1586）、島津勢に囲まれた大友氏の臼杵城は、島津軍撃退に威力を示したとされる「国崩」をどこから入手したか。
①ポルトガル
②オランダ
③イギリス
④スペイン

問077

写真の濠は輪郭式の縄張を持つ城の濠だがどの城か。
①秋田城
②米沢城
③忍城
④津山城

問078

山麓の御根小屋と天守との連絡手段として、太鼓が使用され、中太鼓曲輪跡と下太鼓曲輪跡が残る城はどれか。
①仙台城
②備中松山城
③春日山城
④郡山城

問079

城と現存門の組み合わせで間違いはどれか。
①福江城－搦手門
②丸亀城－上り立ち門
③小諸城－三の門
④江戸城－田安門

問080

根城の曲輪を分けるV字の堀の種類はどれか。
①箱堀
②毛抜き堀
③薬研堀
④畝堀

問081
水戸城に関する説明で誤りはどれか。
①令和元年（2019）天守代用の御三階櫓が復元された
②令和2年（2020）大手門が復元された
③令和3年（2021）二の丸角櫓が復元された
④令和3年（2021）全長約470mの土塀が復元された

問082
内城・松尾城・高城・新城という城郭で構成されている城はどれか。
①杉山城
②芥川山城
③佐伯城
④志布志城

問083
姫路城大天守は国宝だが、姫路城には国宝の建造物は大天守を含め何棟あるか。
①7棟
②8棟
③9棟
④10棟

問084
次のうち天守に廻縁がない城はどれか。
①姫路城
②彦根城
③丸岡城
④高知城

問085
江戸城の平川門に接続する、特徴のある曲輪は何と呼ぶか。
①井戸曲輪
②袖曲輪
③帯曲輪
④山里曲輪

問086

八方正面の櫓と称される、江戸城の櫓はどれか。

①伏見櫓

②富士見多門櫓

③富士見櫓

④桜田巽櫓

問087

毛利氏代々の居城だった郡山城では、城主と家臣はどこで生活していたか。

①城主のみ山上の曲輪に住んでいた

②城主のみ麓の館に住んでいた

③山上の曲輪に城主・家臣共に住んでいた

④城主・家臣共に麓の館に住んでいた

問088

石灰・赤土・種油などをあわせて叩きあげて築かれた「南蛮たたき塀」と呼ばれる塀がある城はどれか。

①名古屋城

②大坂城

③岩国城

④平戸城

問089

多賀城の外郭防衛構築物としてはどの塀が使われているか。

①石塀

②板塀

③築地塀

④練塀

問090

戦国時代、九州で島津氏と伊東氏が100年以上もの間争った城はどれか。

①人吉城

②薩摩清色城

③飫肥城

④大分府内城

問091　豊臣秀吉が築いた大坂城天守に関する記述で誤りはどれか。
①天守の屋根は金箔瓦が葺かれていた
②天守は五重の望楼型天守だった
③最初の層塔型天守だった
④外壁は黒漆塗の下見板張りであった

問092　「八丁味噌」は城から八町離れた村で作られたのが語源とされているが、その城とはどれか。
①名古屋城
②浜松城
③清須城
④岡崎城

問093　正保城絵図によると、本丸と二の丸は梯郭式、三の丸は輪郭式縄張で、三つの角馬出が描かれている城はどれか。
①佐倉城
②福山城
③津和野城
④篠山城

問094　敵の侵入防止と川の氾濫防止を兼ねた「おかこい山」と称する土塁の遺構が残る近世の海城はどれか。
①赤穂城
②萩城
③今治城
④中津城

問095　現存天守の屋根は全て瓦葺だが、弘前城天守の瓦の素材はどれか。
①石
②鉛
③銅
④木

問096　金沢城に現存する二重の多門櫓は何というか。
①二十間長屋
②三十間長屋
③五十間長屋
④百間長屋

問097　豊臣秀吉の猶子であり岡山城主であったが、西軍の副大将として関ケ原の戦いにのぞみ、敗れて八丈島に流罪となった戦国大名は誰か。
①安国寺恵瓊
②宇喜多秀家
③浅野長政
④小早川秀秋

問098　写真は発掘調査に基づいて復元された小田原北条氏の支城にある門だが、それはどの城か。
①山中城
②金山城
③韮山城
④鉢形城

問099　文部科学省構内で発掘され、展示されている石垣は江戸城のどの部分の石垣か。
①外堀
②西の丸
③三の丸堀
④二の丸堀

問100　天守の屋根はほとんど瓦葺だが、柿葺だった城はどれか。
①高島城
②丸岡城
③犬山城
④小諸城

日本城郭検定
2級問題

全100問（70問以上正答で合格）
試験時間60分

1回目	月	日	／100問
2回目	月	日	／100問
3回目	月	日	／100問

※6ページの解答用紙をご利用ください（実際の試験はマークシート方式です）。
※複数回答の可能性が指摘された問題に関しては、一部改訂を加えてあります。

解答・解説 ➡ 209ページ

問001

姫路城大天守は国宝だが、姫路城には国宝の建造物は大天守を含めて何棟あるか。

①7棟

②8棟

③9棟

④10棟

問002

徳川家康は幕府を開くまで居城を次々と変えた。居城移転の順番が正しいのはどれか。

①浜松城→駿府城→岡崎城→江戸城

②岡崎城→浜松城→駿府城→江戸城

③浜松城→岡崎城→駿府城→江戸城

④駿府城→浜松城→岡崎城→江戸城

問003

「賤ヶ岳の戦い」で有名な玄蕃尾城を築いたのは誰か。

①前田利家

②柴田勝豊

③佐久間盛政

④柴田勝家

問004

掛川城の別名の由来となった井戸が現存しているが、その井戸はどれか。

①霧吹井戸

②朝比奈井戸

③吹上井戸

④霧が井

問005

津城の前身の城はどれか。

①今橋城

②安濃津城

③土方城

④杜若城

問006 文部科学省構内で発掘され、屋外展示されている石垣は江戸城のどの部分の石垣か。
①外堀
②西の丸
③三の丸堀
④二の堀丸

問007 山麓の御根小屋と山頂の天守との連絡手段として太鼓が使用され、中太鼓曲輪跡跡と下太鼓曲輪跡が残る城はどこか。
①仙台城
②備中松山城
③春日山城
④郡山城

問008 高嶺城の説明で誤りはどれか。
①大内氏館の詰城であった
②大内義長が築城を始めた
③県指定史跡である
④空堀や土塁は存在しない

問009 「石火矢町ふるさと村」は、県指定の町並み保存地区だが、どの城の城下町か。
①備中松山城
②飫肥城
③唐沢山城
④一条谷城

問010 縄張の形式が輪郭式でないのはどれか。
①盛岡城
②駿府城
③山形城
④二条城

問011　慶長15年（1610）に徳川家康の命により、天下普請で築城が始まった城はどれか。
①駿府城
②名古屋城
③彦根城
④大坂城

問012　古代の山城で、大宰府防衛の補給基地だったのはどの城か。
①水城
②大野城
③基肄城
④鞠智城

問013　秀吉の奥羽仕置により改易された田村氏の築城とされる城で、その後江戸期の城主秋田氏によって、本丸の下段に天守代用の三重三階の櫓が建てられていた。それはどれか。
①三春城
②九戸城
③多賀城
④笠間城

問014　正保城絵図によると、本丸と二の丸は梯郭式、三の丸は輪郭式縄張で、三つの角馬出しが描かれている城ははどれか。
①佐倉城
②福山城
③津和野城
④篠山城

問015　石灰・砂利・種油等をあわせて固めた南蛮たたきという技法で築かれた「南蛮練塀」と呼ばれる塀がある城はどれか。
①名古屋城
②大坂城
③岩国城
④平戸城

問016 水戸城の復元工事で誤りはどれか。
①令和元年（2019）天守代用の御三階櫓を復元
②令和2年（2020）大手門を復元
③令和3年（2021）二の丸角櫓を復元
④令和3年（2021）全長470mの土塀復元

問017 次の現存天守のうちで、建造年が一番古い天守はどれか。
①弘前城
②備中松山城
③宇和島城
④高知城

問018 室町時代、守護に代わって権力を握った国人と呼ばれる在地領主は、大規模な居館を造った。岐阜県飛騨市で発掘調査から明らかになった国人領主の館は、土塁や庭園遺構もある大規模なものである。それはどれか。
①江馬氏下館
②京極氏館
③府中館
④綾部館

問019 小田原北条氏は小田原を中心に関東一円に強大な支城ネットワークを構築したが、支城でないのはどれか。
①小机城
②鉢形城
③江尻城
④玉縄城

問020 秀吉の小田原攻めに参陣した九鬼水軍の九鬼嘉隆の居城はどれか。
①新宮城
②鳥羽城
③洲本城
④浜田城

問021　平成9年（1997）に国指定史跡になった山城で、中世伊予と土佐の国境最前線の城はどれか。
①湯築城
②岡豊城
③引田城
④河後森城

問022　天守は付属する建築物によって4種類に大別されるが、次の城の中で区別が間違っているのはどれか。
①連立式天守の松山城
②連結式天守の広島城
③複合式天守の名古屋城
④独立式天守の宇和島城

問023　大洲城は天守の両脇に二つの櫓を従える連結式天守だが、二つの櫓とはどれか。
①台所櫓と高欄櫓
②高欄櫓と太鼓櫓
③太鼓櫓と鉄砲櫓
④太鼓櫓と伏見櫓

問024　宇和島城に現存する「上り立ち門」はどの種類の城門か。
①高麗門
②冠木門
③薬医門
④唐門

問025　洲本城に関する説明で間違いはどれか。
①淡路水軍を率いた安宅氏の築城とされる
②三熊山山頂の「上の城」と山麓の「下の城」に分かれている
③東西2条の「登り石垣」がある
④現在の模擬天守は東京オリンピック開催を記念して建造された

問026　日本三名園の一つ兼六園の命名者とされているのは誰か。
①松平定信
②前田利家
③徳川吉宗
④前田綱紀

問027　小田原城の総構の総延長距離は何kmか。
①約4km
②約6km
③約9km
④約12km

問028　男鹿半島の付根、標高約100mの丘陵に位置する場所にある城はどれか。
①浪岡城
②九戸城
③秋田城
④脇本城

問029　津山城の説明で間違いはどれか。
①関ケ原の戦いで戦功があった森忠政が13年かけて完成させた
②本丸、二の丸、三の丸に雛壇のように築かれた高石垣が残る
③天守台は本丸の中の天守曲輪に造られている
④平成17年（2005）に3階の天守が再建された

問030　西洋式稜堡城郭である佐久市の龍岡城で現存建築物はどれか。
①お台所
②大手門
③黒門
④米蔵

問031　城造りで使われた「修羅」はどの段階で使われた道具か。
①地選
②縄張
③普請
④作事

問032　現存12天守の中で高欄が唯一擬宝珠高欄であるのはどれか。
①松山城
②丸岡城
③高知城
④犬山城

問033　国指定史跡のうち特に学術上の価値の高いものは国指定特別史跡に指定されている。特別史跡でないのはどれか。
①名古屋城
②松本城
③安土城
④大阪城

問034　南北朝時代、各地の山岳寺院が山城として利用された。その事例に該当する城はどれか。
①七尾城
②摩耶山城
③宮津城
④砂土原城

問035　平成9年（1997）に本丸南御門、五の平櫓、六の平櫓などが復元された城はどれか。
①金沢城
②松山城
③備中松山城
④新発田城

問036

写真の石像がある城はどこか。
①沼田城
②上田城
③松代城
④名胡桃城

問037

海と川に面した城で、船入門と水入門があり、江戸時代の絵図では天守は描かれていないが、昭和41年（1966）に模擬天守が建てられた城はどれか。
①津城
②中津城
③能島城
④唐津城

問038

明治の廃城令で存城処分となった現存天守はどれか。
①犬山城
②丸亀城
③丸岡城
④松本城

問039

『日本書紀』の「天智記」に大和政権が大陸からの侵攻に備えて築いた6城が記載されているが、記載のない城はどこか。
①怡土城
②大野城
③金田城
④基肄城

問040

津和野城についての説明で間違いはどれか。
①能登の豪族吉見氏の築城と伝わる
②土塁と竪堀の山城である
③石垣に囲まれた本丸は三十間台と呼ばれれる
④明治の廃城時に取り壊しを免れた櫓2基が城下に現存している

問041　岡山城、一乗谷城、二条城の共通点はどれか。
①唐門が現存している
②天守は複合式だった
③庭園が国の特別名勝に指定されている
④縄張が連郭式

問042　戊辰戦争で藩士ら45名で結成された「凌霜隊」が会津若松城籠城戦に参加したとして、松の丸に顕彰碑がある城はどこか。
①郡上八幡城
②大垣城
③白石城
④高田城

問043　写真は発掘調査に基づいて復元された小田原北条氏の支城にある門だが、それはどの城か。
①山中城
②金山城
③韮山城
④鉢形城

問044　江戸城天守の4代目の再建にあたり、天守台は加賀前田家が築いたが、幕府重臣の進言で天守再建はなされなかった。その重臣とは誰か。
①松平定信
②保科正之
③水野忠邦
④酒井忠勝

問045　山城の「横山城」と山麓の居館「お土居」で縄張された城で、元和の一国一城令で山城部分は廃城となったが、居館部分は幕末まで政庁として使われた城はどれか。
①春日山城
②津和野城
③岩国城
④岡城

問046　写真の御橋廊下は西の丸からどこと往復するために造られたか。
①二の丸
②本丸
③南の丸
④砂の丸

問047　大小天守跡からの360度のパノラマで眼下に日本海・中海・大山などが広がる絶景から「海を望む天空の城」と呼ばれる城はどれか。
①米子城
②江美城
③打吹城
④浜田城

問048　江戸城の平川門に接続する、特徴のある曲輪を何と呼ぶか。
①井戸曲輪
②袖曲輪
③帯曲輪
④山里曲輪

問049　秀吉の陣城の中で、二の丸と三の丸の東下に設けられた井戸曲輪は四方を石垣で囲み、井戸まで石段が造られている城はどれか。
①名護屋城
②石垣山城
③太閤ヶ平
④墨俣城

問050　国内の古代山城で鞠智城だけでしか見られないものはどれか。
①貯水池
②礎石建物群
③八角形建物
④烽火施設

問051　豊後の大友氏の支配下にあり、天正年間（1573～1592）の島津氏の侵攻に耐え落城しなかった堅城で、関ケ原の戦いの後城主の転封で廃城になった城はどれか。
①佐伯城
②岡城
③臼杵城
④角牟礼城

問052　月見櫓は戦乱のない江戸時代を象徴する櫓だが、復元を含めて月見櫓がない城はどれか。
①福山城
②松本城
③岡山城
④駿府城

問053　戦国時代は小田原北条氏や越後上杉氏による争奪の舞台となった関東の山城で、本丸周辺に高さ8mの高石垣が残り、平成26年（2014）に国指定史跡に指定された城はどれか。
①杉山城
②唐沢山城
③岩櫃城
④金山城

問054　写真の三重櫓がある城の別名はどれか。
①小峰城
②横山城
③森岳城
④菖蒲城

問055　城跡と関係のある神社との組み合わせで誤りはどれか。
①久留米城―有馬神社
②鶴ヶ岡城―荘内神社
③米沢城―上杉神社
④津城―高山神社

問056
徳川家康の孫娘・千姫の化粧料で造営されたと伝わる姫路城西の丸だが、その化粧料はどの程度だったといわれているか。
①1万石
②3万石
③5万石
④10万石

問057
東海道新幹線の車窓から見える写真の城はどれか。
①浜松城
②長浜城
③清州城
④小田原城

問058
南九州特有の山城「志布志城」は四つの城郭で構成されているが、本丸はどこにあるのか。
①内城
②松尾城
③高城
④新城

問059
沼田川河口の三角州である大島と小島を削平し周辺を埋め立てて築かれた海城で、市街地に船入櫓跡の石垣が残っている城はどれか。
①三原城
②岡島城
③因島水軍城
④桜山城

問060
名古屋城の隅櫓で大正期の修理で菊紋の瓦が使用された櫓はどれか。
①西の丸西南隅櫓
②二の丸東南隅櫓
③二の丸東北隅櫓
④御深井丸西北隅櫓

問061

江戸城の内桜田門は太田道灌の家紋に由来する別名があるが、それはどれか。

①桔梗門

②山吹門

③梅花門

④銀杏門

問062

三大連立式天守とされていて昭和20年（1945）の米軍の空襲で焼失したのはどの城か。

①岡山城

②広島城

③和歌山城

④仙台城

問063

近江守護佐々木六角氏の居城で、繖山全体に多くの曲輪を配し、戦国時代最大級の規模を持つ観音寺城の廃城の理由はどれか。

①織田信長と六角氏の調停により廃城

②周辺地域を攻める織田信長の勢いに六角氏が城を捨てて逃げた

③織田信長に攻められた後に廃城となった

④六角氏の支配拠点の移動により廃城となった

問064

敵の侵入防止と川の氾濫防止を兼ねた「おかこい山」と称する土塁の遺構が残る近世の海城はどれか。

①赤穂城

②萩城

③今治城

④中津城

問065

昔から多くの水害に見舞われ、天守石垣西に「明治二十九年大洪水点」という石碑が建てられている城はどこか。

①高岡城

②大垣城

③人吉城

④八代城

問066　城門で控柱を省略した棟門の現存例は少ない。次の城門で現存の棟門はどれか。
①江戸城桔梗門
②姫路城水の二の門
③弘前城三の丸追手門
④今治城鉄御門

問067　福知山城内にある井戸は日本の城郭有数の深さを誇り、今もなお清らかな水をたたえている。井戸の名前はどれか。
①お茶の水井
②千貫井
③金名水
④豊磐の井

問068　城と現存門の組み合わせで間違いはどれか。
①福江城—搦手門
②水戸城—岡安門
③小諸城—三の門
④江戸城—田安門

問069　毛利氏代々の居城であった郡山城では、城主と家臣はどこで生活していたか。
①城主のみ山上の曲輪に住んでいた
②城主のみ麓の館に住んでいた
③山上の曲輪に城主・家臣共に住んでいた
④城主・家臣共に麓の館に住んでいた

問070　櫓には動物名を付けたものがある。現存の狸櫓のある城はどれか。
①平戸城
②川越城
③福井城
④忍城

問071　文化庁が定めた再建基準、史実と同じ位置に同じ外観と内部構造で木造再建された天守を復元天守というが、次のうち復元天守はどれか。
①大洲城
②郡上八幡城
③伊賀上野城
④高島城

問072　浜田城の説明で誤りはどれか。
①三重天守が築かれていた
②幕末の長州征伐の際に敗れ焼失した
③津和野城の門が移築されている
④亀山山頂部に本丸を構えた山城であった

問073　長篠城、三原城、甲府城の共通点はどれか。
①縄張が連郭式である
②平城である
③大手門が復元されている
④城地が鉄道で分断されている

問074　安土城下にセミナリヨを建てた宣教師は誰か。
①フロイス
②ヴァリニャーノ
③ヴィレラ
④オルガンティノ

問075　次の戦国武将の中で居城が平城だったのは誰か。
①上杉謙信
②長宗我部元親
③毛利元就
④島津家久

問076　荻生徂徠が挙げた三大名城の組み合わせで正しいものはどれか。
①名古屋城/大坂城/熊本城
②江戸城/名古屋城/和歌山城
③江戸城/姫路城/熊本城
④大坂城/姫路城/和歌山城

問077　小田原北条氏の支城で、現在見られる巨大な空堀や馬出、本丸虎口の石敷き通路は武田氏の侵攻に備えて北条氏照が改修したとされる城はどこか。
①小机城
②鉢形城
③滝山城
④八王子城

問078　冬の凍結により瓦が割れる対策として使われた瓦の種類と、城郭の組み合わせで間違っているのはどれか。
①海鼠瓦—金沢城
②石瓦—丸岡城
③赤瓦—会津若松城
④銅瓦—弘前城

問079　北出丸と二の丸の間の谷を二段に堰き止めた雄池、雌池と呼ばれる池がある城はどこか。
①金山城
②高岡城
③佐伯城
④一乗谷城

問080　千葉県立関宿城博物館は現存する城の建物を模している。それはどこか。
①江戸城富士見櫓
②弘前城天守
③彦根城西の丸三重櫓
④熊本城宇土櫓

問081

秀吉の奥州再仕置で落城、その後蒲生氏郷によって改修されたが江戸時代に廃城になった城はどれか。
①向羽黒山城
②九戸城
③三春城
④浪岡城

問082

古代城柵と呼ばれる城で八脚門形式の瓦屋根の城門、瓦葺築地塀が平成9年（1997）に復元された城はどこか。
①多賀城
②秋田城
③脇本城
④浪岡城

問083

江戸幕府は武家諸法度で城は修復以外の新たな工事は禁止としたが例外もあった。立藩のためいったん廃城となった城を大規模に改修して再興した城はどれか。
①松前城
②佐倉城
③福岡城
④丸亀城

問084

本丸南面に全国でも珍しい半同心円状の落とし積石垣がある城はどれか。
①白河小峰城
②府内城
③明石城
④津山城

問085

重要文化財の正保城絵図は3点で一組になっている。城絵図と郷帳ともう1点はどれか。
①国絵図
②濠絵図
③天守図
④石垣図

問086　次の中で築城者が武田信玄でない城はどれか。
①要害山城
②古宮城
③海津城
④小諸城

問087　日本最南端の天守台が残る城で、秀吉の九州平定後、薩摩島津氏の領有が認められ、明治維新まで島津氏一族が支配した城はどれか。
①角牟礼城
②佐土原城
③延岡城
④知覧城

問088　写真の門がある城はどれか。
①唐津城
②小倉城
③忍城
④白石城

問089　文禄・慶長の役で築かれた名護屋城の周辺には全国から参陣した大名の陣屋が多数造られた。現在確認されている陣屋はいくつか。
①約80
②約100
③約130
④約150

問090　元治元年（1864）に三河奥殿藩は本領を信濃田野口に移し、田野口陣屋として新たに城を築いたが、その城名はどれか。
①龍岡城
②奥殿城
③田口城
④大給城

問091

坂上田村麻呂により多賀城から鎮守府が移されたとされる城はどれか。
①秋田城
②胆沢城
③徳丹城
④桃生城

問092

老中職に3度も登用された掛川城藩主は誰か。
①太田資始
②青山幸成
③井伊直好
④本多忠義

問093

写真は岡山城の天守である。この天守として正しいものはどれか。
①望楼型・複合式
②望楼型・連結式
③望楼型・連立式
④層塔型・連結式

問094

写真の濠は輪郭式の縄張を持つ城の濠だがどの城か。
①久保田城
②米沢城
③忍城
④津山城

問095

戦国時代中国地方で覇をとなえた大内氏の詰城・高嶺城が廃城となったのはどの時期か。
①大内氏が毛利氏に滅ぼされたとき
②関ケ原の戦いの後、毛利氏の移封時
③元和の一国一城令が出たとき
④明治の廃城令が出たとき

3級問題 2級問題 第19回 準1級問題 解答・解説 1級問題

問096 次の番所と城の組み合わせで誤りはどれか。
①銅門番所—小倉城
②御物頭御番所—久保田城
③大番所—江戸城
④大手門番所—掛川城

問097 知覧城は鹿児島特有のシラス台地の浸食谷が天然の空堀となりきわめて独立性が高い曲輪で構成されるが、主郭部分の曲輪名ではないのはどれか。
①今城（いまんじょう）
②伊作城（ゆんさじょう）
③弓場城（ゆんばじょう）
④蔵之城（くらんじょう）

問098 徳川家康の四天王の一人である本多忠勝の娘小松姫と政略結婚した沼田城ゆかりの戦国武将は誰か。
①酒井忠次
②真田信之
③榊原康正
④石川数正

問099 「徳川四天王」とゆかりの城の組み合わせで誤りはどれか。
①本多忠勝—大多喜城
②酒井忠次—忍城
③井伊直政—箕輪城
④榊原康政—館林城

問100 次のうち天守に廻縁がない城はどれか。
①姫路城
②彦根城
③丸岡城
④高知城

日本城郭検定
2級問題

全100問（70問以上正答で合格）
試験時間60分

1回目	月	日	／100問
2回目	月	日	／100問
3回目	月	日	／100問

※6ページの解答用紙をご利用ください（実際の試験はマークシート方式です）。
※複数回答の可能性が指摘された問題に関しては、一部改訂を加えてあります。

解答・解説 ➡ 211ページ

問001

甲府城の楽屋曲輪御門前には、特殊な設備があったことを勤番の武士が書き残しているが、最近の発掘でそれらしき遺構が発見された。その設備とは何か。

①鍛冶場　　　　　　②砲台
③窯場　　　　　　　④温泉

問002

寒冷地対策として柿葺であったとされる天守があり、徳川家康の六男松平忠輝や吉良義周などの流人を預かっていたことがある、三大湖城の一つとして著名な城はどれか。

①松江城
②膳所城
③高島城
④大津城

問003

毛利氏代々の居城であった郡山城では、城主と家臣はどこで生活していたか。

①城主のみ山上の曲輪に住んでいた
②城主のみ麓の館に住んでいた
③山上の曲輪に城主・家臣共に住んでいた
④城主・家臣共に麓の館に住んでいた

問004

室町時代、守護に代わって権力を握った国人と呼ばれる在地領主は、大規模な居館を造った。岐阜県飛騨市で発掘調査から明らかになった国人領主の館は、土塁や庭園遺構もある大規模なものである。それはどれか。

①江馬氏下館
②京極氏館
③府中館
④綾部館

問005

次の戦国武将の中で居城が平城だったのは誰か。

①上杉謙信
②長宗我部元親
③毛利元就
④島津家久

問006

鎌倉幕府御家人の館の跡地に城が造成されたと考えられ国指定史跡となったが、小田原攻めの際に作成された「関八州城之覚」には記載がなく、戦国期の城郭遺構がよく残り、縄張論の立場からは小田原北条氏系の城郭と評価されている城はどれか。

①八王子城　　　　　　　②小机城
③菅谷館（菅谷城）　　　④元佐倉城

問007

富山城には嘉永2年（1849）に10代藩主の隠居所として建てられた御殿があったが、6年後に火事で焼失した。唯一現存するのはどれか。

①御涼所
②千歳御門
③釣殿
④桐の御茶室

問008

二条城の二の丸御殿は6棟の建物で構成され、国内に残る唯一の御殿群として国宝に指定されているが、6棟に含まれないのはどれか。

①玄関
②遠侍および車寄せ
③式台
④黒書院

問009

戊辰戦争で藩士ら45名で結成された「凌霜隊」が会津若松城籠城戦に参加したとして、松の丸に顕彰碑がある城はどこか。

①郡上八幡城
②大垣城
③白石城
④高田城

問010

本丸の石垣は毛利時代と細川時代に区別ができ、現在、四重五階唐造の復興天守のある城はどれか。

①高松城
②岩国城
③岡崎城
④小倉城

問011　知覧城は鹿児島特有のシラス台地の浸食谷が天然の空堀となりきわめて独立性が高い曲輪で構成されるが、主郭部分の曲輪名ではないのはどれか。
①今城（いまんじょう）
②伊作城（ゆんさじょう）
③弓場城（ゆんばじょう）
④蔵之城（くらんじょう）

問012　東日本では珍しい総石垣の平山城で、南北と西に虎口を設け、西側の刎橋門の木橋は有事の際切り落とすことを想定していた城はどれか。
①秋田城
②鶴ヶ岡城
③三春城
④村上城

問013　城門で控柱を省略した棟門の現存例は少ない。次の城門で現存の棟門はどれか。
①江戸城桔梗門
②姫路城水の二の門
③弘前城三の丸追手門
④今治城鉄御門

問014　キリシタン大名としても有名な有馬晴信が居城とした城で、平成10年度の発掘調査で金箔瓦が出土したのはどの城か。
①深江城
②日野江城
③原城
④東空閑城

問015　太平洋戦争の空襲で天守や櫓が多数焼失したが、終戦直前の8月8日に天守が焼失したのはどの城か。
①大垣城
②福山城
③名古屋城
④和歌山城

問016　秀吉の小田原攻めの本陣として築城された石垣山城は、一夜のうちに築城されたと伝わり「一夜城」とも呼ばれるが、実際の工事期間は何日位と推定されているか。
①30日程度
②50日程度
③60日程度
④80日程度

問017　かつては四面を海に囲まれていた島（丹生島）に築かれていたが、明治期の城郭存廃決定により廃城、2基の櫓のみ現存している城はどれか。
①三原城
②臼杵城
③宇和島城
④新宮城

問018　津山城の説明で間違いはどれか。
①関ケ原の戦いで戦功があった森忠政が13年かけて完成させた
②本丸、二の丸、三の丸に雛壇のように築かれた高石垣が残る
③天守台は本丸の中の天守曲輪に造られている
④平成17年（2005）に3階の天守が再建された

問019　老中職に3度も登用された掛川城藩主は誰か。
①太田資始
②青山幸成
③井伊直好
④本多忠義

問020　島全体を階段状に削平して、中央の高所に本丸を置き、周囲を二の丸が取り巻き、西側に三の丸、南端に出丸、東端に矢櫃と呼ばれる小曲輪を配していた城はどれか。
①能島城
②因島水軍城
③甘崎城
④来島城

問021　城と現存門の組み合わせで間違いはどれか。
①丸亀城—大手門
②新発田城—二の丸太鼓門
③小諸城—三の門
④江戸城—田安門

問022　次の松山城の中で別名「秋山城」と呼ばれる城はどれか。
①伊予松山城
②宇陀松山城
③備中松山城
④武蔵松山城

問023　上杉、北条、武田の3氏が争奪戦を繰り返し、天正8年（1580）に武田氏が入手。武田勝頼が真田昌幸に普請を命じ、最盛期には五重天守があったと伝えられ、近年の発掘調査で金箔瓦が出土した城はどれか。
①小諸城
②沼田城
③上田城
④甲府城

問024　享徳の乱後に印旛浦に接した立地に築かれ、9代続いた約100年の間、下総守護職として支配した東国の伝統的豪族の居城はどれか。
①土浦城
②佐倉城
③川越城
④本佐倉城

問025　大永元年（1521）に大石氏により築城され、大石氏の養子となった北条氏照が武田氏の侵攻に備えるために、巨大な馬出や空堀で防備を固めていた城はどれか。
①金山城
②滝山城
③杉山城
④唐沢山城

問026　関ケ原合戦の前日に西軍が勝利した「杭瀬川の戦い」の舞台近くにあり、四重四階の天守は昭和11年（1936）に旧国宝に指定されたが、昭和20年（1945）の米軍による空襲で焼失した城はどれか。
①大垣城　　　　　　　②彦根城
③大津城　　　　　　　④安濃津城

問027　秀吉の陣城の中で、二の丸と三の丸の東下に設けられた井戸曲輪の四方を石垣で囲み、井戸まで石段が造られている城はどれか。
①名護屋城
②石垣山城
③太閤ヶ平
④墨俣城

問028　慶長6年（1601）の近世に築かれた山城で、当時は本丸に三重の天守があったとされるが、ほどなく失われ、以後再建されなかった佐伯城を幕末まで居城とした領主は何氏か。
①毛利氏　　　　　　　②鍋島氏
③細川氏　　　　　　　④松平氏

問029　江戸城天守の4代目の再建にあたり、天守台は加賀前田家が築いたが、幕府重臣の進言で天守再建はなされなかった。その重臣とは誰か。
①松平定信
②保科正之
③水野忠邦
④酒井忠勝

問030　昭和56年（1981）に「小藩の城ではあるがよく戦国時代の面影をとどめている近世城郭として貴重である」として国史跡に指定された、木曽路の抑えという戦略上の要衝にある城はどれか。
①岩村城
②美濃金山城
③古宮城
④苗木城

問031　次の番所と城の組み合わせで誤りはどれか。
①銅門番所―小倉城
②御物頭御番所―久保田城
③大番所―江戸城
④大手門番所―掛川城

問032　坂上田村麻呂により多賀城から鎮守府が移されたとされる城はどれか。
①秋田城
②胆沢城
③徳丹城
④桃生城

問033　昔から多くの水害に見舞われ、天守石垣西に「明治二十九年大洪水点」という石碑が建てられている城はどこか。
①高岡城
②大垣城
③人吉城
④八代城

問034　「日本三大水攻め」に該当しない城はどれか。
①忍城
②鳥取城
③備中高松城
④紀州太田城

問035　夷隅川の曲流部に張り出した半島状の台地にあり、家康の房総攻略に功があった本多忠勝が初代城主として入城した城はどれか。
①大多喜城
②本佐倉城
③鉢形城
④佐倉城

問036　城跡と関係のある神社との組み合わせで誤りはどれか。
①久留米城—有馬神社
②鶴ヶ岡城—荘内神社
③米沢城—上杉神社
④津城—高山神社

問037　北出丸と二の丸の間の谷を二段に堰き止めた雄池、雌池と呼ばれる池がある城はどこか。
①金山城
②高岡城
③佐伯城
④一乗谷城

問038　旧三の丸に現存する11代藩主の隠居場は、江戸屋敷を移築したもので、奥座敷からは国指定名勝庭園が臨め、大名屋敷の往時の広壮な面影が見られる、令和4年（2022）に酒井家入部400年を迎えた城はどれか。
①高田城
②鶴ヶ岡城
③高崎城
④川越城

問039　興国寺城は今川氏の東駿河の拠点城郭として築かれたと考えられている。発掘調査の結果、本丸大土塁中央には何があったか。
①伝天守台
②伝西櫓台
③伝東櫓台
④伝小天守台

問040　元治元年（1864）に三河奥殿藩は本領を信濃田野口に移し、田野口陣屋として新たに城を築いたが、その城名はどれか。
①龍岡城
②奥殿城
③田口城
④大給城

問041　秀吉の奥州再仕置で落城、その後蒲生氏郷によって改修されたが江戸時代に廃城になった城はどれか。
①向羽黒山城
②九戸城
③三春城
④浪岡城

問042　五島氏は慶長19年（1614）に居城江川城が火災で焼失、その後再三幕府に築城許可を願い出ていたが、幕末の嘉永2年（1849）許可が出て文久3年（1863）に完成した海城はどれか。
①福江城
②浜田城
③中津城
④唐津城

問043　櫓には動物名を付けたものがある。現存の狸櫓がある城はどれか。
①平戸城
②川越城
③福井城
④忍城

問044　写真の御橋廊下は西の丸からどこと往復するために造られたか。
①二の丸
②本丸
③南の丸
④砂の丸

問045　太田川河口の三角州に聚楽第を模したと考えられる縄張で、五重五階の大天守に2基の小天守を連ねた連結式天守の城はどれか。
①明石城
②岸和田城
③広島城
④今治城

問046

明治の廃城令で存城処分となった現存天守はどれか。

①犬山城

②丸亀城

③丸岡城

④松本城

問047

江戸城の内桜田門は太田道灌の家紋に由来する別名があるが、それはどれか。

①桔梗門

②山吹門

③梅花門

④銀杏門

問048

写真の三重櫓がある城の別名はどれか。

①小峰城

②横山城

③森岳城

④菖蒲城

問049

文部科学省構内で発掘され、展示されている石垣は江戸城のどの部分の石垣か。

①二の丸

②三の丸

③外堀

④西の丸

問050

津城の前身の城はどれか。

①今橋城

②安濃津城

③土方城

④杜若城

問051　古代城柵と呼ばれる城で、八脚門形式の瓦屋根の城門、瓦葺築地塀が平成9年（1997）に復元された城はどこか。
①多賀城
②秋田城
③脇本城
④浪岡城

問052　一国一城令により廃城とされたが、水堀と曲輪はほぼ完全に保存され、縄張は本丸以外の曲輪はすべて馬出（連続馬出）という特徴の城はどれか。
①備中高松城
②高岡城
③津和野城
④三原城

問053　豊臣秀吉が築いた大坂城天守に関する記述で誤りはどれか。
①五重の天守であった
②外壁は黒漆塗の下見板張であった
③金箔瓦が葺かれていた
④最初の層塔型天守だった

問054　水戸城で再建された角櫓はどれか。
①本丸北西角櫓
②本丸南西角櫓
③二の丸角櫓
④下の丸角櫓

問055　鶴見川に突出する丘陵先端部に築城され、今は城跡内を第三京浜道路が南北に縦走している、小田原北条氏の勢力下にあった城はどれか。
①小机城
②玉縄城
③津久井城
④三崎城

問056　角埋山山頂にあり、「土づくりの城から石垣を主体とした城への変遷を知るうえで重要」として、平成17年（2005）に国の史跡に指定された城はどれか。
①佐土原城
②志布志城
③岡豊城
④角牟礼城

問057　大小天守跡からの360度のパノラマで眼下に日本海・中海・大山などが広がる絶景から「海を望む天空の城」と呼ばれる城はどれか。
①米子城
②江美城
③打吹城
④浜田城

問058　現存12天守の中で高欄が唯一擬宝珠高欄であるのはどれか。
①松山城
②丸岡城
③高知城
④犬山城

問059　元和元年（1615）7月、江戸幕府が諸大名を集めて武家諸法度を公布した城はどこか。
①伏見城
②二条城
③名古屋城
④江戸城

問060　三つの角馬出を持ち、現在でもその二つが現存している城はどれか。
①甲府城
②明石城
③佐倉城
④篠山城

問061 令和3年（2021）に初代藩主が入城して400年を迎え、現在は本丸中心部には11代続いた歴代の藩主を祀る神社がある。縄張は連郭式で大河の中流の丘陵上にある城はどれか。
①篠山城 　　　　　　　②久留米城
③大和郡山城 　　　　　④赤木城

問062 高天神城は「高天神城を制する者は遠州を制す」といわれて徳川氏と武田氏の攻防の舞台となったが、天正9年（1581）落城後に焼き払って廃城にしたのは誰か。
①徳川家康
②武田勝頼
③小笠原与八郎長忠（氏助）
④岡部長教（元信）

問063 現存12天守の屋根はすべて瓦葺だが、弘前城天守の瓦の素材はどれか。
①鉛
②石
③銅
④木

問064 戦国山城ミュージアムという資料館があり、烏峰城の名で築かれていたのを信長家臣の森可成が改称し、織田豊臣政権における東美濃支配の拠点となった城はどれか。
①美濃金山城
②岐阜城
③岩村城
④郡上八幡城

問065 上杉謙信没後の後継者争い「御館の乱」で決戦地となり、敗れた景虎が自刃した城はどこか。
①鮫ヶ尾城
②増山城
③七尾城
④富山城

問066　一山全体を利用して縄張された城で、北の帯曲輪には突出した「出構」という鉄砲陣地があるのはどの城か。
①春日山城
②岡豊城
③新府城
④飯盛城

問067　豊後の大友氏の支配下にあり、天正年間の島津氏の侵攻に耐え落城しなかった堅城で、関ケ原の戦いの後、城主の転封で廃城になった城はどれか。
①佐伯城
②岡城
③臼杵城
④角牟礼城

問068　城の麓にあった藩主の政務や暮らしの場としていた居屋敷の跡に小学校が建設され、入口（旧追手門跡）に藩講所（明徳堂）の表門が移築され校門として利用されている城はどれか。
①白石城
②二本松城
③白河小峰城
④三春城

問069　宇和島城に現存する「上り立ち門」はどの種類の城門か。
①高麗門
②冠木門
③薬医門
④唐門

問070　高嶺城を詰城とし、京の将軍邸を模したともされる方形居館を造ったのは誰か。
①細川氏
②毛利氏
③大内氏
④小笠原氏

問071　「徳川四天王」とゆかりの城の組み合わせで誤りはどれか。
①本多忠勝―大多喜城
②酒井忠次―忍城
③井伊直政―箕輪城
④榊原康政―館林城

問072　『日本書紀』の「天智記」に大和政権が大陸からの侵攻に備えて築いた6城が記載されているが、記載のない城はどこか。
①怡土城
②大野城
③金田城
④基肄城

問073　南九州特有の山城「志布志城」は四つの城郭で構成されているが、本丸はどこにあるのか。
①内城
②松尾城
③高城
④新城

問074　秀吉の小田原攻めに参陣した九鬼水軍の九鬼嘉隆の居城はどれか。
①新宮城
②鳥羽城
③洲本城
④浜田城

問075　国指定史跡「比企城館跡群」に該当しない城はどれか。
①杉山城跡
②菅谷館跡
③松山城跡
④鉢形城跡

問076

日本最古の木造再建城で、山内一豊夫人「千代」は初代城主遠藤盛数の娘という説が有力な、「千代の知恵　賢妻の心得十箇条」の展示のある城はどれか。
①掛川城
②白石城
③郡上八幡城
④大洲城

問077

千葉県立関宿城博物館は現存する城の建物を模している。それはどこか。
①江戸城富士見櫓
②弘前城天守
③彦根城西の丸三重櫓
④熊本城宇土櫓

問078

写真の発掘された三日月堀は長さ100m、幅20m、深さ9mの巨大なものだが、どの城のものか。
①新府城
②長篠城
③高天神城
④諏訪原城

問079

安土城下にセミナリヨを建てた宣教師は誰か。
①フロイス
②ヴァリニャーノ
③ヴィレラ
④オルガンティノ

問080

山崎合戦で敗北した明智光秀が逃げ込み、最後の夜を過ごしたと伝わる城はどれか。
①勝龍寺城
②淀城
③坂本城
④高槻城

問081　豊臣秀吉の天下統一最後の合戦の舞台となった東北の城はどれか。
①九戸城
②八戸城
③三戸城
④一戸城

問082　日本最南端の天守台が残るとして有名な山城はどれか。
①佐土原城
②志布志城
③知覧城
④飫肥城

問083　昭和20年（1945）に戦災で焼失した「桜御門」の復元整備を進めている城はどこか。
①高松城
②鳥取城
③徳島城
④根城

問084　山頂に戦国期の山城、麓は近世城郭の縄張で整備され、江戸前期までには山頂に二重天守、山麓に三階櫓が建てられた城はどれか。
①鳥取城
②津和野城
③高取城
④七尾城

問085　大和政権が蝦夷支配のため城柵を築いたが、日本海側に面していない城柵はどれか。
①渟足柵
②志波城
③払田柵
④出羽柵

問086　津和野城についての説明で間違いはどれか。
①能登の豪族吉見氏の築城と伝わる
②土塁と竪堀の山城である
③石垣に囲まれた本丸は三十間台と呼ばれる
④明治の廃城時に取り壊しを免れた櫓2基が城下に現存している

問087　黒田孝高が着工し、関ケ原の戦い後、細川忠興が完成させた河口デルタを利用した総構の城はどれか。
①中津城
②臼杵城
③福岡城
④小倉城

問088　次の中で築城者が武田信玄でない城はどれか。
①要害山城
②古宮城
③海津城
④小諸城

問089　文禄・慶長の役で築かれた名護屋城の周辺には全国から参陣した大名の陣屋が多数造られた。現在確認されている陣屋はいくつか。
①約80
②約100
③約130
④約150

問090　掛川城の別名の由来となった井戸が現存しているが、その井戸はどれか。
①霧吹井戸
②朝比奈井戸
③吹上井戸
④霧が井

問091　吉田城の二の丸・三の丸を中心に残る土塁上には塀礎石がよく残されているが、礎石上の塀の形式は何と推定されているか。
①土塀
②築地塀
③漆喰塀
④板塀

問092　徳川家康の四天王の一人である本多忠勝の娘小松姫と政略結婚した沼田城ゆかりの戦国武将は誰か。
①酒井忠次
②真田信之
③榊原康正
④石川数正

問093　荻生徂徠が挙げた三大名城の組み合わせで正しいものはどれか。
①名古屋城―大坂城―熊本城
②江戸城―名古屋城―和歌山城
③江戸城―姫路城―熊本城
④大坂城―姫路城―和歌山城

問094　沼田川河口の三角州である大島と小島を削平し周辺を埋め立てて築かれた海城で、市街地に船入櫓跡の石垣が残っている城はどれか。
①三原城
②岡島城
③因島水軍城
④桜山城

問095　越前大野城は亀山山頂に本丸があるが、登城路は1本しかない。登城路は何と呼ばれているか。
①百間坂
②武者登り路
③駕籠路
④八十坂

問096　小牧山城の発掘調査は多くの成果を上げているが、令和3年度に山頂主郭曲輪東側一段下の帯曲輪で確認できたのはどれか。
①連続杭柱穴遺構
②版築通路遺構
③礎石建物遺構
④玉石敷遺構

問097　駿府城に復元された東御門を構成する建造物に当てはまらないのはどれか。
①櫓門
②重箱櫓
③多聞櫓
④高麗門

問098　対馬にある城に該当しない城はどれか。
①金田城
②金石城
③清水山城
④勝本城

問099　明治の廃藩置県後に廃城破却されたが、本丸には御殿、北東隅と北西隅に御三階櫓、南東隅に上杉謙信の遺体を安置する御堂があった城はどこか。
①山形城
②春日山城
③米沢城
④長岡城

問100　江戸幕府は武家諸法度で、城は修復以外の新たな工事を禁止としたが例外もあった。立藩のためいったん廃城となった城を大規模に改修して再興した城はどれか。
①松前城
②佐倉城
③福岡城
④丸亀城

日本城郭検定 準1級問題

全100問（70問以上正答で合格）
試験時間60分

1回目	月	日	／100問
2回目	月	日	／100問
3回目	月	日	／100問

※6ページの解答用紙をご利用ください（実際の試験はマークシート方式です）。
※複数回答の可能性が指摘された問題に関しては、一部改訂を加えてあります。

解答・解説 ➡ 213ページ

問001

江戸時代になると天守が存在しない城では御三階櫓を天守代用とすることもあった。次の城の中で代用天守ではなく三階天守として建築されたのはどれか。

①弘前城

②白石城

③丸亀城

④宇和島城

問002

大和政権は東北地方を統治するために多数の城柵を築いた。次の中で一番早く築いたのはどれか。

①淳足の柵

②磐舟の柵

③出羽の柵

④秋田城

問003

馬陵城とも呼ばれ、外大手一の門が当時の建築として現存する城はどれか。

①相馬中村城

②棚倉城

③畑谷城

④猪苗代城

問004

沖縄のグスク特有の逆U字型をした門を石造拱門（アーチ門）というが、首里城の次の門のうち、石造拱門（アーチ門）でないのはどれか。

①歓会門

②奉神門

③久慶門

④木曳門

問005

築城工事を始めたものの一国一城令で廃城になり、その後元和4年（1618）に許可が下り再び築城した城で、川に面して蔵と船入れを備えた水の手曲輪跡が残るのはどの城か。

①浜田城

②紀伊越路城

③新宮城

④滝川城

問006　日出城と岡城に共通する建造物があるが、それは何か。
①かまぼこ形石塀
②埋門
③石垣に接した井戸
④石樋

問007　秀吉の陣城・肥前名護屋城の縄張をした武将は誰か。
①黒田孝高
②加藤清正
③高山右近
④小西行長

問008　姫路城で備前門に隣接している櫓はどの櫓か。
①イの渡櫓
②ハの渡櫓
③折廻櫓
④帯郭櫓

問009　城の「虎口」では防御のため様々な工夫が施された。敵がまっすぐ侵入することを防ぐため「虎口」の内側に直線の土塁を構築したが、これは何と呼ぶか。
①蔀
②平虎口
③双虎口
④敷

問010　天正18年（1590）の豊臣秀吉による小田原攻めの際に、合戦が行われなかった城はどこか。
①韮山城
②下田城
③岩槻城
④小机城

問011　名古屋城の堅固な石垣だが、下部が膨らみだすなど、修復が必要な箇所が出てきた。崩落の危険があるために平成14年（2002）から解体工事をすすめ、令和3年（2021）から積み直しが本格的に始まったのはどこか。
①御深井丸西北隅櫓周辺
②本丸搦手馬出周辺
③二の丸埋見門跡周辺
④西の丸正門周辺

問012　鞠智城が最初に登場する文献はどれか。
①古事記
②日本書紀
③続日本紀
④日本後紀

問013　道南十二館の中で築造年が推定されている次の館のうち、最古の館はどれか。
①志苔館
②花沢館
③茂別館
④宇須岸館

問014　慶長4年（1599）に造られた「内惣構」と慶長15年（1610）に造られた「外惣構」が二重に巡っている城はどれか。
①浜松城
②岡山城
③広島城
④金沢城

問015　江戸城の枡形門の中で寛永元年（1624）に築造されたのはどれか。
①虎ノ門
②赤坂門
③鍛冶橋門
④清水門

問016　江戸城外郭門の一つ数寄屋橋門の枡形を築いた大名は誰か。
①伊達政宗
②福島正則
③黒田長政
④真田信之（信幸）

問017　徳島城の特色の一つである城内の石垣は「阿波の青石」と呼ばれる石で築かれているが、どの石か。
①流紋岩
②安山岩
③花崗閃緑岩
④緑色片岩

問018　次の城の三重櫓で重要文化財に指定されていないのはどれか。
①名古屋城清須櫓
②福山城伏見櫓
③熊本城宇土櫓
④江戸城富士見櫓

問019　武田氏ゆかりの城で三日月堀がないのはどの城か。
①名胡桃城
②信濃大島城
③諏訪原城
④旭山城

問020　外郭は土塁、主要部分は野面積の石垣で、中世と近世の転換点の姿を残す連郭式の城で、平成29年（2017）の台風21号で土塁や石垣が大きな被害を受けたのはどれか。
①志布志城
②浜田城
③田丸城
④美濃金山城

179

問021　二条城二の丸御殿で襖絵が山水画で描かれているのは、どの建物か。
① 遠侍
② 式台
③ 黒書院
④ 白書院

問022　秀吉の信頼が厚かった中村一氏は各地の城主に任じられたが、次の城の中で城主でなかったのはどれか。
① 大和郡山城
② 駿府城
③ 水口岡山城
④ 岸和田城

問023　村上城は寛文3年（1663）に天守をはじめ21もの櫓の造り替えをした。その後火災や明治の払い下げでことごとく消失したが、天守の規模は何と伝わっているか。
① 三重層塔型
② 三重望楼型
③ 四重層塔型
④ 四重望楼型

問024　日露戦争前に砲台が構築された城はどれか。
① 上ノ国勝山館
② 脇本城
③ 金田城
④ 今帰仁城

問025　駿河田中城に移築復元されている建物で、会津若松城の御三階や名古屋城二の丸石垣上にあった迎涼閣と同様、軍事よりも遊興的な性格が強いとされるのはどれか。
① 月見櫓
② 御亭
③ 時鐘櫓
④ 能舞台

問026
鉢形城の伝秩父曲輪にある1m規模の砂礫岩を使用した石積は、徳川家康の譜代の武将が代官の時に積まれたとされているが、誰と推定されているか。
①牧野康成
②成瀬正一
③本多忠勝
④酒井家次

問027
北条氏支配ののち徳川四天王の一人である榊原康政によって改修。のちに5代将軍・徳川綱吉も城主を務めた城はどれか。
①前橋城
②高崎城
③白井城
④館林城

問028
秋田城は城の周囲と中心施設の政庁を塀で囲う都城をモデルとした二重構造を基本としているが、平安時代以降の外側の塀はどれか。
①築地塀
②材木塀
③土塀
④練塀

問029
信州・松代から移封された大名家が明治まで城主であった、輪郭式の城はどれか。
①米沢城
②田中城
③山形城
④鶴ヶ岡城

問030
九鬼水軍の九鬼嘉隆が築いた海城で、大手門が海側に突き出た特異な形状から浮城とも称する城はどれか。
①桑名城
②浦城
③田城城
④鳥羽城

問031

天守と大手門（追手門）の両方が現存していない城郭はどれか。

①弘前城

②松山城

③丸亀城

④高知城

問032

天正18年（1590）、小田原攻めにおいて山中城一番乗りを果たした
と伝わる武将は誰か。

①塙直之

②渡辺了（勘兵衛）

③後藤基次

④薄田兼相

問033

ある城の天守の評判を聞いた森忠政が、津山城築城にあたって家臣の
薮田助太夫を派遣し検分した城はどれか。

①岩国城

②高松城

③今治城

④小倉城

問034

天正10年（1582）長宗我部氏の侵攻で落城、廃城となったが、近
年の調査で築城は三好氏時代の16世紀とされている城はどれか。

①河後森城

②引田城

③勝瑞城

④一宮城

問035

会津若松城の天守の瓦を、冬の凍み割れに強い赤瓦に葺き替えたのは
誰か。

①蒲生氏郷

②加藤明成

③保科正之

④松平容保

問036 「蛍大名」といわれた京極高次が城主になっていない城はどれか。
①小浜城
②膳所城
③大津城
④大溝城

問037 この写真は国の史跡として認定されている比企城館跡群の小倉城の石垣だが、この石垣に用いられている石はどれか。
①結晶片岩
②花崗岩
③安山岩
④玄武岩

問038 深浦水軍の船頭屋敷や船小屋などの施設を持つ御船手郭があった城はどれか。
①徳島城
②引田城
③米子城
④浜田城

問039 城主の高橋紹運が島津軍5万を相手に寡兵で籠城、激戦の末に全滅した戦いの舞台として知られる城はどれか。
①岩屋城
②立花山城
③有智山城
④宝満山城

問040 尼崎城の説明で間違いはどれか。
①戸田氏鉄が築いた中世城郭
②戸田氏のあと、青山氏と松平氏が城主を務めた
③個人の寄付により、平成31年（2019）天守が再建された
④縄張は正方形

問041

利根川水運の要衝地で、北条氏康が「この地を獲ることは一国を獲るに等しい」と語ったという城はどれか。

①後閑城
②安中城
③関宿城
④小川城

問042

本丸など主郭部が高石垣で囲われた城で、尼子氏の再興を図る山中鹿之助が毛利氏と激戦を繰り広げた城はどれか。

①月山富田城
②置塩城
③三木城
④若桜鬼ヶ城

問043

首里城で見られるアザナという施設は一般的には何と呼ばれるのか。

①物見台
②厨房
③裏門
④武器蔵

問044

小田原城総構の効果について「相州小田原の城攻めに総堀ありて寄せ手を防ぎける故に落城に手間とりしと云う事より、所々総堀をせし所多しと云えり」と記述のある文献はどれか。

①相州兵乱記
②備前軍記
③勢州軍記
④細川政元記

問045

今川氏の後継をめぐる対立を解決し、興国寺城を拠点として伊豆に進出、後の小田原北条氏の初代とされる人物は誰か。

①伊勢宗哲
②伊勢盛定
③伊勢盛平
④伊勢盛時

問046　人口が増大した江戸は承応3年（1654）玉川上水を新たに四谷まで通水させたが、時の将軍は誰か。
①徳川秀忠
②徳川家光
③徳川家綱
④徳川綱吉

問047　北畠親房が後村上天皇へ献上した『神皇正統記』を執筆したのはどの城か。
①多賀城
②古賀城
③小田城
④北畠氏館

問048　令和4年（2022）、第166回直木賞を受賞した『黒牢城』と『塞王の楯』の舞台となった城はどこか。
①高天神城と長浜城
②福岡城と長浜城
③有岡城と大津城
④福岡城と彦根城

問049　奥州街道・羽州街道が合流する交通の要衝にある巨大な山城で、最近の発掘調査から「家臣を城下に住まわせた近世の城と城下町」の原型とされる小牧山城の先駆となる城として注目されているのはどれか。
①大鳥井山遺跡
②向羽黒山城
③霊山城
④桑折西山城

問050　足軽は城下町では長屋を与えられるのが一般的だが、善利組や下組といわれる足軽組に屋敷が与えられていたのはどの城の城下町か。
①駿府城
②鳥取城
③犬山城
④彦根城

問051　「虎口のような城郭の重要な場所には大石を据えること」など城郭の石垣について記された前田家の専属石工であった後藤家の家伝書はどれか。
①兵要録
②士鑑用法
③武教全書
④唯子一人伝

問052　黒田官兵衛は筑前に入ると、6ヶ所の支城を構えた。これに対し豊前・細川忠興は支城を配備し黒田氏に対抗したが、細川氏の支城でないのはどれか。
①門司城
②鷹取山城
③香春岳城
④岩石城

問053　40年以上伊達氏の居城だったが、伊達氏の移封後、蒲生郷安が城主となった。平成10年（1998）からの発掘調査では障子堀が発見された城はどれか。
①米沢城
②鶴ヶ岡城
③三春城
④会津若松城

問054　全国で4位の規模を持つ前方後円墳で、秀吉の中国攻めの際に毛利方の陣城とされた古墳はどれか。
①今塚古墳
②巣山古墳
③造山古墳
④両宮山古墳

問055　一国一城令によって摂津国内で廃城とされなかった城はどれか。
①高槻城
②茨木城
③守口城
④芥川山城

問056　安土城で出土した軒丸瓦や軒平瓦の凹部に施された金について、最近の研究成果で発表されている説はどれか。
①瓦に直接金箔を貼っている
②金泥を使用
③黒漆を接着剤として切り廻しもしくは金砂子を使用
④黒漆を接着剤として金箔を貼っている

問057　江戸初期の大多喜城について「城の地形は自然のまま。門は鉄製、御殿は金銀に装飾されている」と『日本見聞録』で書いたスペイン人は誰か。
①アレッサンドロ・ヴァリアーノ
②ルイス・フロイス
③ドン・ロドリゴ
④ルイス・ソテロ

問058　元和元年（1615）の廃城令で、小堀政一と中坊秀政が幕府から破却を命じられた城はどれか。
①佐柿国吉城
②増山城
③若桜鬼ヶ城
④宇陀松山城

問059　写真は平成2年（1990）に復元された櫓門だが、どの城の門か。
①金石城
②清水山城
③桟原城
④金田城

問060　天文6年（1537）、北条氏綱が扇谷上杉朝定から河越城を奪取するが、河越城を退去した上杉朝定が入城した城はどこか。
①難波田城
②小倉城
③鉢形城
④武蔵松山城

問061

天正17年（1589）ごろの築城とされ、中世と近世の築城法を併用した平山城で、山頂部の主郭と尾根上及び山麓の曲輪で構成、枡形虎口が設けられていて、平成元年（1989）に国指定史跡となったのはどの城か。
①赤木城
②引田城
③河後森城
④鎌刃城

問062

寄棟造・茅葺屋根の足軽長屋が現存する城下町はどれか。
①新発田市
②萩市
③上越市
④今治市

問063

令和5年（2023）3月末に城内にある学校が閉校となるため、竣工時の城の状態に出来るだけ戻すために大手門の復元を目指す計画が進んでいる城はどれか。
①福江城
②大和郡山城
③龍岡城
④水戸城

問064

現在人口10万人以上の都市の約半数は城下町を起源としているが、江戸時代に存在した城下町の数はどのくらいか。
①約100
②約200
③約300
④約400

問065

吉法師が元服して織田信長と名乗った城はどこか。
①那古野城
②古渡城
③末森城
④清洲城

問066　永正6年（1509）、連歌師宗長が「水郷也、館のめくり四方沼水幾重ともなく蘆の霜かれ」と記した城はどれか。
①関宿城
②常陸潮来陣屋
③佐原城
④忍城

問067　広大な城域に、北城の曲輪群（本丸・明神丸・才蔵丸）と南城の曲輪群（小倉丸・椎の丸・水の手丸）など多くの曲輪を置いていた城はどれか。
①鎌刃城
②一宮城
③中村城
④河後森城

問068　明治維新時、三春城の城主だったのは何氏か。
①松下氏
②松平氏
③蒲生氏
④秋田氏

問069　小牧山城の発掘調査で墨書された石材が見つかっている。何と書かれているか。
①信長
②丹羽
③佐久間
④秀吉

問070　高知城には排水のための石樋が各所に設けられている。いくつ確認されているか。
①6ヶ所
②11ヶ所
③16ヶ所
④21ヶ所

問071

室町幕府の管領を務めた細川高国が築城、のちに京を目指す足利義昭と織田信長が三好氏から奪取して滞在した城はどれか。

①高槻城

②飯盛城

③芥川山城

④高屋城

問072

梅鉢懸魚が多用されている天守はどれか。

①松山城

②姫路城

③犬山城

④彦根城

問073

戦国時代、水戸城は常陸守護の佐竹氏の居城であったが、佐竹氏がある豪族の支城だった水戸城を攻め奪取したものだった。その豪族とは誰か。

①里見氏

②馬場氏

③伊達氏

④江戸氏

問074

武田氏の侵攻に備えるため、重須湊に築かれた北条水軍の城はどれか。

①伊豆長浜城

②土肥城

③下田城

④三枚橋城

問075

沖縄のグスクと城主の組み合わせで誤りはどれか。

①勝連城—阿麻和利

②座喜味城—護佐丸

③中城城—尚思紹

④首里城—尚巴志

問076　国宝天守が現存する城として有名な松本城の城下町の中で、寺社地は次のどの場所に配置されていたか。
①城郭部の周り
②侍屋敷の中
③町人町の中
④一番外側

問077　大手枡形に女石と男石と呼ばれる巨石が配されているのはどの城か。
①丸亀城
②大阪城
③福江城
④新宮城

問078　家康の従兄弟で福山藩の初代藩主水野勝成は青年時代、加藤清正・黒田長政などに仕え、その後大坂の陣の軍功で6万石の城主となった。それはどの城か。
①赤穂城
②膳所城
③宇陀松山城
④大和郡山城

問079　慶長3年（1598）、会津に移封された上杉景勝が若松城より巨大な神指城を築いたが、その縄張はどれか。
①輪郭式
②梯郭式
③連郭式
④渦郭式

問080　次の天守で華頭窓がない城はどれか。
①姫路城
②丸岡城
③犬山城
④松江城

3級問題

2級問題

準1級問題

第20回

解答・解説

1級問題

問081　武田領になっていた高天神城を奪還するため、家康が大須賀康高に命じて築城させた城はどれか。
①馬伏塚城
②諏訪原城
③吉田城
④横須賀城

問082　馬出には様々な種類があるが、佐倉城に残っている馬出は江戸時代の軍学書による分類ではどれか。
①草の角馬出
②真の角馬出
③草の丸馬出
④真の丸馬出

問083　むくり屋根や背割り排水溝で著名な城下町の基礎をつくった戦国武将は誰か。
①豊臣秀次
②豊臣秀長
③豊臣秀保
④豊臣秀勝

問084　姫路城の大天守で使われていない破風はどれか。
①千鳥破風
②比翼入母屋破風
③軒唐破風
④向唐破風

問085　横矢掛で城壁に２ヶ所の突出部を造りその間に挟まれた部分に両側から横矢を掛ける構造はどれか。
①入隅
②出隅
③横矢邪
④合横矢

問086　令和4年（2022）4月6日（城の日）に発表された第1回日本城郭協会大賞は、ある城郭の総合調査が受賞した。それはどの城か。
①飯盛城
②駿府城
③福山城
④京都新城

問087　武田信玄が築いた城で、西側を除く三方は大野原湿原が広がり、丘陵地の南北を堀切で東西に分断，主郭を東郭に置いた城はどれか。
①高天神城
②古宮城
③上原城
④海津城

問088　加藤清正の縄張と伝えられ、平成に入ってからの発掘によって総石垣の本格的な近世城郭であることがわかった、筑後国境近くの城はどれか。
①阿蘇城
②宇土城
③南関城
④八代城

問089　肥前、筑前、築後の国境に位置した山城で、本城と五つの支城を持つ筑紫氏5代の居城はどれか。
①須知城　　　　　　②勝尾城
③香春岳城　　　　　④岩石城

問090　肥後八代城も姫路城と同じく別名「白鷺城」といわれる。姫路城は白漆喰塗籠造の外壁が白鷺のように美しいことから呼ばれたが、八代城は石垣に使われていた石の色からそう呼ばれた。その石の種類はどれか。
①安山岩
②緑色片岩
③石灰岩
④花崗岩

問091　福山城の湯殿は懸造の建築物として有名だが、城内にその形式の建物があった城はどれか。
①金沢城
②大坂城
③浜松城
④仙台城

問092　杉山城の説明で誤りはどれか。
①小高い丘陵上におよそ10の郭を階段状に配置した縄張
②各郭は横堀や帯郭が囲み、木橋や土橋を用いた様々な虎口がある
③戦国時代、扇谷上杉氏が築いた陣城
④平成14年（2002）からの発掘調査の結果、15世紀末から16世紀初頭に築城されたと推定される

問093　鎌倉時代から戦国時代、陸奥・出羽で勢力を誇った安東氏の城「安東三城」に該当しない城はどれか。
①脇本城
②湊城
③檜山城
④大館城

問094　慶長5年（1600）、徳川家康の会津征伐の折りに大坂城西の丸の留守居を務め、家康の側室を護って西の丸を西軍に引き渡した後、伏見城に入城して討死した武将は誰か。
①佐野綱正
②内藤家長
③鳥居元忠
④松平家忠

問095　本佐倉城の説明で正しくないものはどれか。
①鎌倉幕府の有力御家人だった畠山重忠の居館だった
②外郭部分には古墳がある
③印旛沼と湿地帯に囲まれた要害の地だった
④外国製の陶磁器や古銭が出土している

問096　信長は美濃と京をつなぐ通路確保のため近江に信長として初めての石垣の城を築き重臣森可成を配した。それはどれか。
①佐和山城
②膳所城
③宇佐山城
④坂本城

問097　飯盛城の石垣は山中に露岩している花崗岩を採石し、垂直に近い勾配で積まれているが、特徴として正しいのはどれか。
①矢穴、矢穴痕がない
②刻印が多くみられる
③破却の痕跡が残る
④塼列が含まれる

問098　写真の模擬天守はどの城のものか。
①横手城
②関宿城
③上山城
④墨俣城

問099　天正20年（1592）「南部大膳大夫分国之内諸城破却共書上之事」では南部氏の48城あったうちの何城が破却されたといわれているか。
①12城
②24城
③36城
④48城

問100　城の防備に欠かせない土塁の部分にはそれぞれ名称がある。土塁の上部分は何というか。
①敷（しき）
②犬走（いぬばしり）
③法（のり）
④褶（ひらみ）

解答・解説

高知城天守の袴腰型石落と槍
の穂先の忍返（P90問098）

白石城の大手二之門（P151問088）

宇都宮城の復元土塁と復元櫓（P97問028）

問001　④櫓などの構造物を建てる

構造物を建てることは「作事」。

問002　④昭和24年（1949）に焼失

問003　①今帰仁城

問004　④盛岡城

盛岡城跡公園に「不来方のお城の草に寝ころびて 空に吸はれし 十五の心」の歌碑が立つ。

問005　②佐賀城

問006　④岡山城

問007　③原城

問008　③備中松山城

問009　④岐阜城

問010　①下見板張

問011　②明治時代

問012　②浜松城

問013　②白河小峰城

問014　④熊本城御殿

昭君之間（しょうくんのま）は、加藤清正が有事の際に秀吉の遺児秀頼を迎え入れるための「将軍の間」だという説がある。

問015　④石垣

問016　③甲賀組・伊賀組等100人が警備

問017　②明石城

問018　④新旧を問わず一重目と二重目は同じ大きさである

問019　②小諸城

問020　③二条城

問021　②稜堡式

稜堡式には、ほかに龍岡城や四稜郭などがある。

問022　①津山城

問023　③割普請

問024　③鉢形城

問025　①高松城

問026　④天秤櫓

問027　②梯郭式―彦根城

彦根城は連郭式。

問028　①名古屋城

問029　④会津若松城―くろかんくん

会津若松城のご当地キャラクターは「お城ボくん」。

問030　①丸亀城

問031　①四重

松江城の天守は四重五階地下一階。写真の三重目に見える屋根は飾り。

問032　③武田勝頼

問033　③南西

問034　④菱櫓

問035　①西北隅櫓

問036　③高知城

問037　④宇和島城

問038　④馬出

問039　③会津若松城

問040　②千早城

問041　④福山城

福山城の湯殿は石垣の上に張り出した「懸造」となっている。

問042　①搦手門は虎口とはいわない

問043　④西櫓

問044　②松平容保

問045　②大垣城

問046　③小早川隆景

問047　①今治城

今治城の天守は昭和55年（1980）に建てられ

た模擬天守。

問048　④16世紀〜18世紀

問049　④彦根城天守

問050　②多賀城

問051　②仙台城

本丸には本丸御殿が建ち並んでいた。

問052　④小田原北条氏

問053　②防火のまじない

問054　②秀忠

問055　①川越城

問056　②躑躅ヶ崎館

問057　④最上藩─久保田城

久保田城は、久保田藩（秋田藩）佐竹氏の居城。

問058　①水堀

問059　②福岡城

問060　④石造りアーチ門が多い

問061　③屋根の数

問062　②松山城

問063　④海津城

問064　①連郭式

問065　④天守が復元された

問066　④備中高松城

問067　③乾小天守

問068　④蒲生氏郷

問069　②観音寺城

問070　③3回

問071　④小諸城

問072　②萩城

半島の指月山山頂に詰丸が置かれた。

問073　①望楼型・複合式

問074　①平戸城

山鹿流は、山鹿素行による兵法の流派。

問075　②丸

問076　④大垣城

問077　④犬山城─川霧城

犬山城の別名は「白帝城」。

問078　③毛利輝元

問079　④鏡石

問080　①湯築城

問081　①徳島城

問082　①米沢城

問083　②竹田城

問084　③櫓が今も残る

問085　②丸岡城

問086　④高取城

二の門の東側に水堀が残る。

問087　②富士見三重櫓

問088　②彦根城

問089　③伊賀上野城

問090　②福江城

問091　③小谷城

問092　②浜松城

問093　②雁木

写真は彦根城京橋口付近。

問094　④野面積→打込接→切込接

問095　②駿府城

問096　④高取城

問097　①新発田城

問098　③本丸は石垣で築かれている

問099　②松本城

問100　②熊本城宇土櫓石垣

問001　②長浜城
問002　①丸亀城
問003　①連郭式
問004　①徳島城
問005　①四重
問006　②佐賀城
問007　④犬山城
問008　③小早川隆景
問009　①今治城
問010　④蒲生氏郷
問011　③原城
問012　①平戸城
問013　③鉢形城
問014　②割普請
問015　②丸岡城
問016　②雁木
問017　④石造りアーチ門が多い
問018　③3回
問019　④最上藩―久保田城
問020　③高知城
問021　①高松城
問022　④小倉城―くろかんくん
問023　①名古屋城
問024　④天秤櫓
問025　②岩村城

近世の日本三大山城の残り二つは、高取城と備中松山城。

問026　④水戸城

弘道館は水戸藩9代藩主徳川斉昭が、天保12年（1841）に開設。

問027　①新発田城
問028　②明石城

問029　③伊賀上野城
問030　②観音寺城
問031　①大阪城―天秤櫓

大阪城には千貫櫓、多聞櫓、六番櫓などが現存する。

問032　①津山城
問033　③名古屋城
問034　④小諸城
問035　③松山市
問036　③姫路城
問037　②松本城
問038　④大垣城
問039　④16世紀～18世紀
問040　③武田勝頼
問041　③岡城
問042　③南西
問043　①松江城
問044　③毛抜堀
問045　②秀忠
問046　①湯築城―徳島県

湯築城の所在地は、愛媛県松山市。

問047　④櫓などの構造物を建てる
問048　①小田原城
問049　①湯築城

湯築城は南北朝期の築城とされる。

問050　①高取城
問051　①搦手門は虎口とはいわない
問052　④二条城
問053　④松山城
問054　④青葉城
問055　②萩城
問056　③乾小天守

問057 ②二条城

水戸城の天守代用御三階櫓、和歌山城天守、名古屋城天守は、太平洋戦争時の空襲で焼失。

問058 ④名古屋城

問059 ④福岡城―明倫館

福岡城に関係するのは「修猷館」。「明倫館」は長州藩の藩校。

問060 ④鏡石

問061 ③稲葉山城

問062 ③屋根の数

問063 ②福岡城

問064 ③宇和島城

問065 ④熊本城御殿

問066 ②二の丸御殿

問067 ③海津城

問068 ④備中高松城

問069 ③丹波亀山城

丹波亀山城は天正6年（1578）に明智光秀が築城。

問070 ④米蔵

問071 ①首里城

問072 ②浜松城

問073 ④掛川城

問074 ②津和野城

問075 ③広島城―毛利元就

広島城の築城者は毛利輝元。

問076 ②躑躅ヶ崎館

問077 ④高松城

問078 ①徳島城

問079 ③櫓が今も残る

問080 ③本丸は石垣で築かれている

問081 ②梯郭式―彦根城

問082 ①水堀

問083 ②天守は厳重な石落、狭間、忍び返しなどで装備されている

問084 ④天守が復元された

問085 ④宇和島城

問086 ③犬山城

問087 ③真田幸村（信繁）

問088 ④鶴丸城

問089 ②福江城

問090 ③高知城

問091 ②彦根城

問092 ①切岸

切岸は、斜面。

問093 ④川越城

川越城の鎮守として建てられた「三芳野神社」とされる。

問094 ④太田道灌

問095 ①石垣の隅部

問096 ④昭和24年（1949）に焼失

問097 ②大垣城

仙台城に天守はなく、松山城の天守は現存。大分府内城の天守は寛保3年（1743）に焼失したとされる。

問098 ④登り石垣

問099 ④松江城

問100 ③名護屋城

3級問題 2級問題 準1級問題 解答・解説 3級19回 1級問題

問001　③毛抜堀
問002　④もともと天守は造られなかった
問003　③赤穂城
問004　③大分府内城
問005　③伊賀上野城
問006　②観音寺城
問007　②犬山城
問008　②二の丸御殿
問009　③武田勝頼
問010　②松本城―太鼓門

松本城の太鼓門は平成11年（1999）に復元。

問011　②丸岡城
問012　②千早城
問013　③稲葉山城
問014　①高取城
問015　④松山城
問016　③高知城
問017　③三十間長屋
問018　②佐賀城
問019　③真田幸村（信繁）
問020　④徳島城
問021　④最後の城主は別所長治であった

備中高松城の最後の城主は宇喜多氏旧臣の花房氏。

問022　④16世紀～18世紀
問023　④人吉城
問024　③鉢形城
問025　①水堀と土塁に囲まれたほぼ正方形の館である
問026　①四重

問027　④天下普請
問028　③姫路城
問029　④備中松山城
問030　①大洲城

大洲城の天守は平成16年（2004）に復元されたもの。

問031　②躑躅ヶ崎館
問032　①大野城
問033　④蒲生氏郷
問034　③原城
問035　③本丸御殿
問036　①今治城
問037　②犬山城
問038　④米蔵
問039　④野面積→打込接→切込接
問040　②岩村城
問041　②鉄門

木製の扉と柱が鉄で覆われていることから「鉄門」と呼ばれる。

問042　②丸岡城

丸岡藩初代藩主である本多成重の幼名が仙千代。

問043　④算木積
問044　③池田輝政
問045　③犬山城
問046　④小諸城
問047　④熊本城御殿
問048　④七尾城
問049　④西の丸
問050　②福江城
問051　①小田原城
問052　③福山城

「筋鉄御門」の名は、門の柱の角に筋鉄を施し、

扉に筋鉄を打ちつけていることに由来。

問053　④障子堀

問054　③高知城

高知城は初代一豊から16代豊範まで、山内家が城主を務めた。

問055　③松山市

問056　③平戸城

問057　②浜松城

問058　④二本松城

問059　④高松城

問060　④小倉城─くろかんくん

問061　③彦根城

問062　②桜門

問063　④宇和島城

問064　④高岡城

問065　④掛川城

問066　③毛利元就

問067　①連郭式

問068　①岩国城

問069　④会津若松城

問070　②広島城

問071　④松本城

問072　②東南

問073　③ 根城─岩手県

根城の所在地は青森県八戸市。

問074　④岡城

問075　①佐倉城

問076　②秀忠

問077　②新発田城

問078　①名古屋城

問079　①歓会門

いしづくりきょうもん
石造拱門は石造りのアーチ門のこと。

問080　③乾小天守

問081　③上田城─真田幸村

上田城の築城者は真田昌幸。

問082　②二の丸

問083　①搦手門は虎口とはいわない

問084　①川越城

問085　④最上藩─久保田城

問086　②姫路城─天秤櫓

天秤櫓が現存するのは彦根城。

問087　①武田氏

問088　①丸岡城

問089　④宇和島城

問090　①松本城

問091　④石造りアーチ門が多い

問092　③備中松山城

問093　①岡山城

問094　②萩城

問095　①多賀城

問096　①縄張は連郭式である

富山城の縄張は梯郭式。

問097　③馬出

問098　②三内丸山遺跡

三内丸山遺跡は縄文時代の集落。

問099　③高松城

問100　④櫓などの構造物を建てる

問001　④最上藩─久保田城

問002　④甲府城

問003　②高山陣屋

問004　①小田原城

問005　③原城

　原城は「長崎と天草地方の潜伏キリシタン関連遺産」として世界文化遺産に登録。

問006　①丸亀城

問007　③高知城

問008　②今帰仁城

問009　②鬼ノ城

問010　③犬山城

問011　③二条城

問012　③竹中半兵衛

問013　②二の丸御殿

問014　④櫓門

問015　④人吉城

問016　④米蔵

問017　②二の丸

問018　①長篠城

　長篠城は宇連川と寒狭川（豊川）の合流点に建つ。

問019　②桜門

　桜門は明治20年（1887）に造られた。

問020　③櫓が今も残る

問021　①上杉謙信

　上杉謙信だけでなく武田信玄も小田原城を落とせなかった。

問022　④掛川城

問023　④小堀遠州

問024　①本丸御殿

問025　③本丸は石垣で築かれている

問026　③屋根の数

問027　④京極氏

問028　④二本松城

問029　②彦根城

問030　④藤堂高虎

　藤堂高虎が建てた今治城の天守が、層塔型であったと考えられている。

問031　③姫路城

　写真は姫路城の「菱の門」。

問032　④七尾城

問033　③武田勝頼

問034　②本多忠勝

　姫路城の城主を務めたのは、本多忠勝の孫にあたる本多忠刻。

問035　②広島城

問036　③徳川秀忠

問037　③彦根城

問038　③名古屋城

問039　①盛岡城

問040　③毛利元就

問041　①近世の平山城である

問042　①四重

問043　②千早城

問044　②佐賀城

問045　②白河小峰城

問046　②東南

問047　②浜松城

問048　①外桜田門

問049　③岡山城

問050　③箕輪城

問051　②飫肥城

問052　③白河小峰城

問053　②三内丸山遺跡

問054　④野面積→打込接→切込接

問055　④大坂城

大坂城は信長死後の天正11年（1583）に秀吉が築城を開始。

問056　②鹿児島城

問057　③松平春嶽―丸岡城

松平春嶽の居城は福井城。

問058　②石瓦

問059　④山形城

問060　①水堀

問061　②宇和島城

問062　③篠山城

問063　③伊賀上野城

問064　③一乗谷城

問065　①高取城

問066　④宇和島城―衆楽園

宇和島藩主の庭園は「天赦園」。「衆楽園」は津山藩主の庭園。

問067　②秀忠

問068　③別所長治

問069　③大分府内城

問070　④天秤櫓

問071　②松代城

問072　①石垣の隅部

問073　①名護屋城―佐賀市

名護屋の所在地は佐賀県唐津市。

問074　③毛抜堀

問075　②明石城

問076　②佐倉城

佐倉藩からは9人の老中が輩出された。

問077　④安芸

問078　③乾小天守

問079　③丹波亀山城

問080　④小田原城

問081　②高田城

問082　①湯築城

問083　②仙台城

問084　③稲葉山城

問085　④石造りアーチ門が多い

問086　④高岡城

問087　②連郭式

問088　④松山城

問089　②岡山城―鶴城

岡山城の別名は「烏城」。

問090　①小田原城

問091　③馬出

問092　②雁木

問093　④岡城

問094　①江戸城―月見櫓

江戸城の現存櫓は富士見櫓、伏見櫓、桜田巽櫓。

問095　②高遠城

問096　②金沢城

問097　②久保田城

問098　③高知城

問099　①福山城

問100　④宇和島城

問001　④明石城

問002　②鉢形城

問003　③庭園が国の特別名勝に指定されている

問004　①高遠城

問005　①米沢城

問006　④駿府城

問007　①三重五階の御三階櫓は明治の廃城令で破壊された

御三階櫓は昭和20年（1945）の戦災で焼失。

問008　④弘前城

問009　④掛川城

問010　①虎ノ門

問011　②岡崎城→浜松城→駿府城→江戸城

問012　②裏込石

問013　①修羅

修羅は「普請」で使われる石を運ぶ道具。

問014　①盛岡城

盛岡城の縄張は連郭式。

問015　③岡豊城

岡豊城は関ケ原の戦い以前に廃城。

問016　③飫肥城

問017　④甲府城

問018　③低い野面積石垣を数段積み上げている

問019　①水戸城

問020　②摩耶山城

問021　④黒川城

問022　④鞠智城

問023　②秋田城

問024　②宇喜多秀家

問025　④土塁や竪堀も発見されている

問026　③切岸

問027　①高島城

問028　③宇都宮城

問029　③千貫櫓

問030　②8棟

問031　④松永久秀

問032　①土塁の基底部を保護している

問033　④岡山城

問034　④富山城

問035　②唐沢山城

問036　③最初の層塔型天守だった

問037　④白河小峰城

問038　③金田城

問039　①井伊直政

問040　①白河小峰城

問041　③約80日

問042　④石垣

石垣表面の化粧で、「はつり」はノミで満遍なく1cmほどの溝を穿つもの。「すだれ」はノミで直線状の筋に削り取るもの。

問043　④高島城

問044　④岡崎

問045　④中津城

問046　④柴田勝家

問047　③丸亀城大手門

問048　④大洲城

問049　④擬宝珠

問050　①お台所

問051　④唐津城

問052　①館林城

問053　③江尻城

江尻城は駿河の城。

問054　④松本城

問055　①美濃金山城

問056　③岩国城

問057　①松山城

問058　③重箱櫓

「重箱櫓」は一階と二階の平面が同じ規模の櫓。

問059　①矢穴

問060　④36畳

問061　②高松城

問062　①東櫓

問063　④田丸城

問064　④現在の模擬天守は東京オリン
　　　　　　ピック開催を記念して建造さ
　　　　　　れた

昭和天皇の即位式を記念して建造。

問065　④河後森城

問066　③岩村城

問067　①石灰岩

問068　②松山城

問069　③天草・島原一揆で一揆勢が立
　　　　　　て籠もった

一揆勢が立て籠もったのは原城。

問070　②走長屋

問071　④豊磐の井

問072　①江戸始図

問073　②佐賀城鯱の門

問074　①岡城

問075　①三春城

問076　②興国寺城

問077　③元和の一国一城令

問078　①元和元年

問079　①二の丸辰巳櫓

問080　④畝状竪堀

問081　④高知城

問082　①宇喜多秀家

宇喜多秀家の居城である岡山城は平山城。

問083　②丸亀城―上り立ち門

「上り立ち門」は宇和島城の現存門。

問084　②金沢城

「兼六園」は5代藩主前田綱紀が作庭。

問085　②板壁型

問086　②約23m

問087　④長篠城

問088　③人吉城

問089　④備中松山城

問090　④広島城

問091　④日本史

問092　③甲府城

問093　③和歌山城

問094　②出石

問095　④脇本城

問096　③9km

問097　③築地塀

問098　③薬研堀

問099　②長岡城

問100　①三原城

毛利水軍の拠点。

3級問題

2級問題

準1級問題

解答・解説

2級18回

1級問題

問001　③複合式の名古屋城

名古屋城の天守は連結式

問002　①備中松山城

問003　④駿府城

問004　①矢穴

問005　①三原城

問006　④10万石

問007　④柴田勝家

問008　①白河小峰城

問009　②彦根城

問010　③普請

問011　①大洲城

問012　④石垣

問013　②岡崎城→浜松城→駿府城→江戸城

問014　②甲府城

問015　③備中松山城

問016　②唐沢山城

問017　①水戸城

問018　④岡城

問019　②高松城

問020　④鞠智城

問021　①台所櫓と高欄櫓

問022　④御深井丸西北隅櫓

問023　②約23m

問024　④掛川城

問025　③庭園が国の特別名勝に指定されている

問026　③元和の一国一城令

問027　③低い野面積石垣を数段積み上げている

問028　④徳川吉宗

問029　①お台所

問030　①松山城

松山城は安政元年（1854）に再建された天守が現存。

問031　④広島城

問032　④近世の平山城

問033　③馬屋

問034　③切岸

問035　②板枠に土を入れて固めた土塁

問036　③江尻城

問037　③八角形建物

問038　①金沢城─海鼠瓦

金沢城で使われたのは「鉛瓦」。

問039　①元和元年

問040　①高知城

問041　②裏込石

問042　④徳島城

問043　②武蔵忍城の戦い

武蔵忍城の戦いは石田三成が陣頭指揮を執った。

問044　①宇喜多秀家

問045　②出石

問046　④現在の模擬天守は東京オリンピック開催を記念して建造された

問047　①井伊直政

問048　④河後森城

問049　②摩耶山城

摩耶山城（兵庫県神戸市）は南北朝時代に赤松則村によって築かれたとされる。

問050　①盛岡城

問051　④城地が鉄道で分断されている

長篠城はJR飯田線、三原城はJR山陽本線、甲

府城はJR中央本線などが城地を通る。

問052　④彦根城

彦根城天守には二重と三重に計18個の華頭窓がある。

問053　④脇本城

問054　②名古屋城

問055　①三春城

問056　③白石城

伊達家の重臣の片倉氏が城主を務めた。

問057　④土塁や竪堀も発見されている

問058　④唐津城

問059　①望楼型・複合式

問060　④畝状竪堀

問061　③千貫櫓

問062　③約9km

問063　③甲府城

問064　④長篠城

問065　③清洲城

問066　①築城時、天守は築かれなかった

問067　④豊磐の井

問068　③岩国城

問069　①美濃金山城

問070　①引田城

問071　①敷

問072　③重箱櫓

問073　①松阪城

松阪城の文化財指定名称は「松坂城跡」。

問074　③今帰仁城

問075　③滝山城

問076　①ポルトガル

「国崩」とはフランキ砲（大砲）のこと。

問077　②米沢城

問078　②備中松山城

問079　②丸亀城―上り立ち門

問080　③薬研堀

問081　①令和元年（2019）天守代用の御三階櫓が復元された

問082　④志布志城

問083　②8棟

国宝は大天守、東・西・乾小天守、イ・ロ・ハ・二の渡櫓。

問084　①姫路城

問085　③帯曲輪

問086　③富士見櫓

問087　③山上の曲輪に城主・家臣共に住んでいた

問088　①名古屋城

問089　③築地塀

問090　③飫肥城

問091　③最初の層塔型天守だった

問092　④岡崎城

問093　④篠山城

問094　④中津城

問095　③銅

問096　②三十間長屋

問097　②宇喜多秀家

問098　④鉢形城

写真は鉢形城の「四脚門」。

問099　①外堀

問100　①高島城

問001　②8棟

問002　②岡崎城→浜松城→駿府城→江戸城

問003　④柴田勝家

問004　①霧吹井戸

問005　②安濃津城

問006　①外堀

問007　②備中松山城

問008　③県指定史跡である

　　高嶺城は国指定史跡。

問009　①備中松山城

問010　①盛岡城

問011　②名古屋城

問012　④鞠智城

問013　①三春城

問014　④篠山城

問015　①名古屋城

問016　①令和元年（2019）天守代用の御三階櫓を復元

問017　②備中松山城

問018　①江馬氏下館

問019　③江尻城

問020　②鳥羽城

問021　④河後森城

問022　③複合式天守の名古屋城

問023　①台所櫓と高欄櫓

問024　③薬医門

問025　④現在の模擬天守は東京オリンピック開催を記念して建造された

問026　①松平定信

問027　③約9km

問028　④脇本城

問029　④平成17年（2005）に3階の天守が再建された

　　平成17年に「備中櫓」が木造で復元された。

問030　①お台所

問031　③普請

問032　③高知城

問033　②松本城

問034　②摩耶山城

問035　③備中松山城

問036　①沼田城

　　写真の石像は真田信之と小松姫。

問037　④唐津城

問038　②丸亀城

問039　①怡土城

　　怡土城（福岡県糸島市）は、『続日本紀』に記述が残る。

問040　②土塁と竪堀の山城である

問041　③庭園が国の特別名勝に指定されている

問042　①郡上八幡城

問043　④鉢形城

問044　②保科正之

問045　③岩国城

問046　①二の丸

　　写真の和歌山城「御廊下橋」は平成18年（2006）に復元された。

問047　①米子城

問048　③帯曲輪

問049　②石垣山城

問050　③八角形建物

問051　④角牟礼城

問052	④駿府城
問053	②唐沢山城
問054	④菖蒲城

写真は新発田城の三重櫓。周囲の湿地に菖蒲が咲いていたことに由来。

問055	①久留米城―有馬神社

久留米城跡にあるのは「篠山神社」。

問056	④10万石
問057	③清州城
問058	①内城
問059	①三原城
問060	①西の丸西南隅櫓
問061	①桔梗門
問062	③和歌山城

残り二つは姫路城と松山城。

問063	②周辺地域を攻める織田信長の勢いに六角氏が城を捨てて逃げた
問064	④中津城
問065	②大垣城
問066	②姫路城水の二の門
問067	④豊磐の井
問068	②水戸城―岡安門

水戸城には「橋詰門（薬医門）」が現存。

問069	③山上の曲輪に城主・家臣共に住んでいた
問070	①平戸城
問071	①大洲城
問072	④亀山山頂部に本丸を構えた山城であった

浜田城は平山城。

問073	④城地が鉄道で分断されている
問074	④オルガンティノ
問075	④島津家久
問076	①名古屋城／大坂城／熊本城
問077	③滝山城
問078	①海鼠瓦―金沢城
問079	③佐伯城
問080	①江戸城富士見櫓
問081	②九戸城
問082	②秋田城
問083	④丸亀城

生駒氏のお家騒動の後、寛永18年（1641）に山崎家治が入り丸亀藩を立藩。

問084	①白河小峰城
問085	①国絵図
問086	①要害山城

要害山城は武田信玄の父信虎が築城。

問087	②佐土原城
問088	④白石城

写真は白石城の「大手二之門」。

問089	④約150
問090	①龍岡城
問091	②胆沢城
問092	①太田資始
問093	①望楼型・複合式
問094	②米沢城
問095	③元和の一国一城令が出たとき
問096	①銅門番所―小倉城

「銅門番所」は福知山城に残る番所。

問097	②伊作城（ゆんさじょう）

伊作城は鹿児島県日置市に残る中世城郭。

問098	②真田信之
問099	②酒井忠次―忍城
問100	①姫路城

3級問題

2級問題

準1級問題

解答・解説

2級20回

1級問題

問001	④温泉	**問027**	②石垣山城
問002	③高島城	**問028**	①毛利氏
高島城は諏訪湖畔に建つ。		築城者の毛利高政は、安芸の毛利家とは血縁関	
問003	③山上の曲輪に城主・家臣共に	係にない。	
	住んでいた	**問029**	②保科正之
問004	①江馬氏下館	**問030**	④苗木城
問005	④島津家久	**問031**	①銅門番所—小倉城
問006	③菅谷館（菅谷城）	**問032**	②胆沢城
問007	②千歳御門	**問033**	②大垣城
問008	①玄関	**問034**	②鳥取城
問009	①郡上八幡城	**問035**	①大多喜城
問010	④小倉城	**問036**	①久留米城—有馬神社
問011	②伊作城（ゆんさじょう）	**問037**	③佐伯城
問012	④村上城	**問038**	②鶴ヶ岡城
問013	②姫路城水の二の門	**問039**	①伝天守台
問014	②日野江城	**問040**	①龍岡城
問015	②福山城	**問041**	②九戸城
問016	④80日程度	**問042**	①福江城
問017	②臼杵城	**問043**	①平戸城
臼杵城には「卯寅口門脇櫓」と「畳櫓」が現存。		**問044**	①二の丸
問018	④平成17年（2005）に3階の	**問045**	③広島城
	天守が再建された	**問046**	②丸亀城
問019	①太田資始	**問047**	①桔梗門
問020	①能島城	**問048**	④菖蒲城
問021	②新発田城—二の丸太鼓門	**問049**	③外堀
問022	②宇陀松山城	**問050**	②安濃津城
宇陀の有力国人の秋山氏の居城であったことに		**問051**	②秋田城
由来。		**問052**	②高岡城
問023	②沼田城	**問053**	④最初の層塔型天守だった
問024	④本佐倉城	**問054**	③二の丸角櫓
問025	②滝山城	**問055**	①小机城
問026	①大垣城	**問056**	④角牟礼城

問057 ①米子城

問058 ③高知城

問059 ①伏見城

問060 ④篠山城

問061 ②久留米城

久留米城の本丸中心部には「篠山神社」がある。

問062 ①徳川家康

問063 ③銅

問064 ①美濃金山城

問065 ①鮫ヶ尾城

問066 ③新府城

問067 ④角牟礼城

城主毛利高政の佐伯城転封にともない廃城。

問068 ④三春城

問069 ③薬医門

問070 ③大内氏

問071 ②酒井忠次―忍城

問072 ①怡土城

問073 ①内城

問074 ②鳥羽城

問075 ④鉢形城跡

鉢形城の所在地は埼玉県大里郡、その他は埼玉
県比企郡。

問076 ③郡上八幡城

問077 ①江戸城富士見櫓

問078 ④諏訪原城

問079 ④オルガンティノ

問080 ①勝龍寺城

問081 ①九戸城

問082 ①佐土原城

問083 ①高松城

高松城桜御門は、令和4年（2022）6月に復元
整備が完了。

問084 ①鳥取城

問085 ②志波城

志波城の所在地は岩手県盛岡市。

問086 ②土塁と竪堀の山城である

問087 ①中津城

中津城は中津川河口に建つ。

問088 ①要害山城

問089 ④約150

問090 ①霧吹井戸

問091 ③漆喰塀

問092 ②真田信之

問093 ①名古屋城―大坂城―熊本城

問094 ①三原城

問095 ①百間坂

問096 ④玉石敷遺構

問097 ②重箱櫓

問098 ④勝本城

問099 ③米沢城

問100 ④丸亀城

解説……加藤理文

問001　④宇和島城

「武家諸法度」公布時の元和元年（1615）に天守が存在していたか否かによるとして大きな間違いはない。存在していれば、建て替えた場合も天守と総称された。

問002　①淳足の柵

記録に残る初見は、大化3年（647）に設置された淳足の柵で、次いで翌年に磐舟の柵が設けられた。

問003　①相馬中村城
問004　②奉神門

グスクの石垣を潜る門は、基本的に石造拱門（アーチ門）になるが、石垣より前、中枢部の門は石造拱門（アーチ門）にはならない。

問005　③新宮城

「一国一城令」後に、築城許可が下りた城は多くないので覚えよう。

問006　①かまぼこ形石塀

「かまぼこ形石塀（かまぼこ塀）」は、現在のところ、城郭では大分県の岡城と日出城でしか確認されていない特異な石塀になる。

問007　①黒田孝高

大城郭の縄張は、限られた武将しかやってないので、主な城について覚えておこう。

問008　③折廻櫓
問009　①蔀

まっすぐ進むことを防ぐために、入口の前や後ろに、内部の様子を見えにくくして遮る役目を持つ土塁を「一文字土居」と呼ぶ。虎口の内側に設けられた直線の土塁を「蔀土居」、外側に設けられたものを「蔀土居」と呼んでいる。

問010　④小机城
問011　②本丸搦手馬出周辺

最近のニュースで話題になったことは、城好きとして目を通しておこう。

問012　③続日本紀

鞠智城は、『続日本紀』に記載された文武天皇2年（698）の修復記事が初見で、築城年は不明。発掘調査では7世紀後半には、機能していたと判明している。

問013　①志苔館

渡島半島に居住した和人は津軽安藤氏（安東氏）の支配下に置かれた。享徳3年（1454）、安東政季は南部氏に追われ武田信広らとともに勢力圏であった蝦夷地に渡り、配下の武将を12の館に配置した。志苔館は、14世紀後半から末頃の築造が判明している。

問014　④金沢城
問015　④清水門
問016　①伊達政宗
問017　④緑色片岩

近世の城の石垣の多くは、花崗岩や安山岩を使用するが、特色ある石材利用の城は少ないので覚えよう。学術名は「緑泥片岩」。

問018　④江戸城富士見櫓

宮内庁所有・管轄の文化財は「文化財保護法」の域外にあたるため、伏見櫓等も重文指定は受けていない。

問019　④旭山城
問020　③田丸城

これも、ニュース問題。

問021　④白書院
問022　①大和郡山城

中村一氏は羽柴秀吉時代からの家臣で、天正11年（1583）岸和田城主、次いで水口岡山城主、駿府城主を歴任し、関ケ原合戦を前に病没した。

問023　②三重望楼型

問024　③金田城

金田城は、対馬に位置するため、古代から戦国期、近代と使用され続けた。

問025　②御亭

田中城の本丸の南東隅の石垣上に「御亭」と呼ばれる２階建ての建物が高さ９尺（約2.7m）の石垣の上に建っていた記録が残る。

問026　②成瀬正一

問027　④館林城

徳川四天王の城などは、覚えておこう。

問028　②材木塀

問029　④鶴ヶ岡城

問030　④鳥羽城

織田信長配下の特徴的な武将の居城名を覚えよう。

問031　②松山城

現存建物がある城は限られるので、これも覚えておこう。

問032　②渡辺了（勘兵衛）

問033　④小倉城

小倉城の天守の評判を聞いた森忠政が築城にあたって家臣の薮田助太夫を派遣し、海上から検分していたところを見つかってしまった。事情を伝え聞いた小倉城主の細川忠興は、薮田一行を城内に招き入れて好きなだけ調査させ図面まで手土産に持たせたという話が伝わっている。

問034　③勝瑞城

問035　③保科正之

寒暖差による瓦の割れを防ぐために鉄分入りの釉薬を施釉した赤瓦は、承応２年（1653）太鼓門に採用した記録が残る。時の城主は、保科正之であった。

問036　②膳所城

秀吉の側室・竜子の兄で、淀君の妹・初の婿であったための出世と、陰で「蛍大名」といわれた。大溝、近江八幡、大津、小浜城主となっている。

問037　①結晶片岩

問038　③米子城

問039　①岩屋城

城で戦いがあった例は、それほど多くないので覚えよう。

問040　①戸田氏鉄が築いた中世城郭

問041　③関宿城

関宿城は利根川と江戸川が合流する地点の微高地に築かれ、水に守られた要害であるとともに古くから水上交通の要衝として栄えた。関東の制圧を目論む北条氏康は「この地を抑えるという事は、一国を獲得する事と同じである」とまで評した。戦国時代末期には、北条方と上杉方の間で激しい争奪戦が繰り広げられた（関宿合戦）。北条氏康・氏政・氏照父子が、上杉謙信・佐竹義重の援助を受けた築田晴助の守る関宿城を、３度に渡り攻撃。最終的には北条氏がこれを制し、北関東進出の拠点とした。

問042　④若桜鬼ヶ城

天正3年（1575）山中鹿之助の謀略によって城主の矢部某が捕らえられて尼子再興軍の手に落ちるも、同年、吉川元春の攻撃を受け、翌年城を捨てて撤退した。天正9年（1581）の鳥取攻めの後、2万石を領して木下重堅が入城した。慶長5年（1600）の関ヶ原の戦い後、山崎家盛が3万石で入封、元和3年（1617）、一国一城令で廃城とされた。

問043　①物見台

問044　②備前軍記

問045　④伊勢盛時

号は早雲庵宗瑞。姓は、伊勢から改めて北条を称したのは早雲の死後。自身は北条早雲と名乗ったことはなく、生前の署名も伊勢新九郎や伊勢宗瑞などであった。諱は不確定であったが、現在「盛時」が定説だ。

問046　③徳川家綱

問047　③小田城

特徴的な事象が行われた城は、覚えておこう。

問048　③有岡城と大津城

問049　④桑折西山城

問050　④彦根城

彦根藩の足軽衆は、22俵３人扶持の禄高で、城下町の一番外側に住居を置き、城下を守る役割を果たしていた。組屋敷は、中藪組・善利組・切通上組・下組・大雲寺組等の組屋敷が設置された。防御を目的とした町割のため、「どんつき」や「くいちがい」など、直線を避け意図的に曲げた小路が張り巡らされていた。

問051　④唯子一人伝

問052　②鷹取山城

豊前・豊後に入封した細川忠興は、慶長７年（1602）小倉城に本拠を移し、門司・香春岳・岩石・一戸・龍王・高田・木付・中津の８城に城代を配し、支城在番体制を確立させた。

問053　①米沢城

問054　③造山古墳

日本で四番目に大きい前方後円墳の造山古墳の北端の後円部を削平し、南から東にかけて土塁を設けている。前方部には、３段の曲輪を設け、南東側に竪堀と曲輪を造成する。

問055　①高槻城

慶長20年（1615）、徳川幕府の一国一城令で摂津は高槻城のみとなり茨木城は廃城となる。

問056　④黒漆を接着剤として金箔を貼っている

問057　③ドン・ロドリゴ

お城の記録を残した外国人は多くないので覚えよう。

問058　④宇陀松山城

元和元年（1615）、大坂夏の陣において豊臣方に内通したとして、福島高晴は改易され城も小堀政一（遠州）と中川秀政らによって破却され廃城となった。破却の際の小堀政一の書状から、城割の内容が把握できる貴重な事例として注目される。

問059　①金石城

問060　②小倉城

問061　①赤木城

問062　①新発田市

旧新発田藩の下級武士の住んでいた木造茅葺造の長屋で８軒を一棟に連らねている。一軒分は玄関に六畳２室、三畳、台所でかなりせまく、質素である。重要文化財に指定されている。

問063　③龍岡城

「現況の史跡を構成する構造物を維持しつつ竣工時の龍岡城にできる限り近い状態に戻す。また、それに合わせた活用を行う」として、大手門の復元、土塁の復元整備と台所の移築整備などが検討されている。

問064　③約300

問065　②古渡城

信長や秀吉、家康に関わる城と事象は覚えておこう。

問066　④忍城

『宗長手記』は、城の記録が出て来る貴重な本、城に関わる記載は覚えておこう。

問067　②一宮城

一宮城は本丸を中心に、才蔵丸や明神丸、小倉丸などの曲輪が配置されている他、倉庫跡、畑跡、貯水池跡や、尾根筋には堀切、横堀、竪堀、小曲輪を配すなど、東西800m、南北500mの範囲に広がる城域を持つ城であった。本丸部分の石垣は、結晶片岩の野面積で、隅角には立石を用いている。

問068　④秋田氏

問069　③佐久間

小牧山城主郭部の石垣の発掘調査で、墨書のある石垣石材が出土。調査の結果、墨書は「佐久間」と判読され、佐久間信盛に代表される佐久間一族が小牧山城の築城に関わっていた可能性が指摘されている。

問070　③16ヶ所

問071　③芥川山城

問072　④彦根城

問073　④江戸氏

応永23年（1416）、上杉禅秀の乱で、水戸城主の大掾満幹は上杉禅秀側に加担したが、幕府側についた江戸通房に敗れ、江戸氏が新城主となり、その支配は以後7代（約170年間）続いた。小田原合戦後、佐竹氏の城となった。

問074　①伊豆長浜城

戦国時代関東一円を治めた北条氏の水軍根拠地、重須湊を守るための城で、天正7年（1579）には北条水軍の事実上の統括者である梶原備前守が入り、翌年、武田・北条両氏水軍による駿河湾海戦が行われた。

問075　③中城城―尚思紹

問076　④一番外側

問077　①丸亀城

丸亀城の枡形は、南北十間（約18m）、東西十一間（約20m）の大きさがあり、二の門を潜った正面の石垣には、高さが2mほどの大きな石が2石埋め込まれている。これは「鏡石」と呼ばれ、魅せるための石で、左を女石、右を男石という。

問078　④大和郡山城

問079　①輪郭式

問080　②丸岡城

華頭窓など、特徴的な意匠の有無は、覚えよう。

問081　④横須賀城

問082　①草の角馬出

馬出の種類も、基本。

問083　①豊臣秀次

問084　④向唐破風

問085　④合横矢

塁線を内側に凹に窪ませ、挟まれた部分に両側から横矢を掛けることを「合横矢」と呼ぶ。様々な呼び名の横矢があるが、いずれもいかにして側面から攻撃しようかと考えた結果だ。

問086　①飯盛城

問087　②古宮城

問088　③南関城

問089　②勝尾城

鳥栖地方を本拠として東肥前や筑前、筑後にかけて勢力を奮った筑紫氏の勝尾城を中心に麓の館跡をはじめ、谷をぐるりと取り囲むように鬼ヶ城、高取城、葛籠城、鏡城、若山砦の五つの支城、さらに館跡からはじまる谷間には家臣の屋敷跡、寺社跡、町屋跡や土塁、空堀等の城下跡が残り、その規模は東西約2.5km、南北約2kmに及ぶ。

問090　③石灰岩

問091　④仙台城

「懸造」も、特徴的な建物で類例も少ない。覚えておこう。

問092　③戦国時代、扇谷上杉氏が築いた陣城

問093　④大館城

問094　①佐野綱正

問095　①鎌倉幕府の有力御家人だった畠山重忠の居館だった

問096　③宇佐山城

元亀元年（1570）、織田信長の命により、標高336mの宇佐山に森可成が築いた山城。滋賀の陣で、浅井・朝倉勢を迎撃しようとして森可成が討ち死にした後は、明智光秀が入城した。京都と大津を結ぶ「今道越」と「逢坂越」を封鎖して宇佐山城を築き、城の麓に直結する新しい道を開いて、湖西路の京への入口を抑えた。石垣を利用した城である。

問097　①矢穴、矢穴痕がない

問098　③上山城

問099　③36城

天正18年（1590）、奥州仕置において豊臣秀吉より南部信直へ所領安堵の朱印状が交付され、その中に「南部大膳大夫分国之内諸城破却共書上之事」という厳命があった。それに応じて南部領内諸城のうち12城を在置し36城を破却したと申告した。秀吉より厳命があったものの結局、居城の三戸城以外全城破却とまでは至らなかった。

問100　④褶（ひらみ）

1回目	月	日	／10問
2回目	月	日	／10問
3回目	月	日	／10問

※6ページの解答用紙をご利用ください（実際の試験はマークシート方式です）。
※複数回答の可能性が指摘された問題に関しては、一部改訂を加えてあります。

解答・解説 ➡ 220ページ

問001

昭和29年（1954）に建てられた模擬天守だが、戦後復興期を代表する建物として平成16年（2004）に国の登録有形文化財となったのはどの城か。
①富山城
②洲本城
③岐阜城
④吉田城

問002

小西行長の家臣で、キリシタンであった内藤ジョアン（内藤如安）ゆかりの城として有名な丹波の山城はどれか。
①本郷城
②西福城
③八木城
④植生城

問003

笠間城本丸八幡台にあった二重櫓が、明治13年（1880）に城下の寺院に移築され、現在七面堂として使用されている。移築された寺はどれか。
①西念寺
②楞厳寺
③月崇寺
④真浄寺

問004

明治43年（1910）に名古屋城正門とするため、江戸城より門が移築されたが、昭和20年（1945）の名古屋大空襲で焼失し、その後復元され現在に至る。この門は江戸城の何門か。
①常盤橋門　　　　　　　　②鍛冶橋門
③馬場先門　　　　　　　　④蓮池御門

問005

令和2年（2022）3月26日から4月2日までの間、特別公開された重要文化財の名古屋城の櫓は何櫓か。
①御深井丸西南隅櫓
②御深井丸西北隅櫓
③本丸西南隅櫓
④本丸東南隅櫓

問006　小田原城「御用米曲輪」の発掘調査によって、御用米を納めた蔵の下層から、小田原北条氏段階の庭園遺構が検出された。「御用米曲輪」は、絵図の何番の曲輪か。

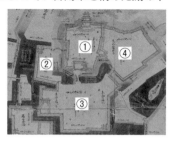

問007　写真は、復元された「瓦塀」である。瓦塀とは、瓦と粘土を交互に積み上げて作った塀である。この瓦塀は、門と土塁の間を埋めるためのものだが、どの城にあるか。

①水戸城
②鹿児島城
③高松城
④白河城

問008　膳所城は、明治3年（1870）に全国に先駆けて解体されたが、櫓や城門の多くが城下の寺社に移築され現存している。家老屋敷や総門等の門を除いた城郭部分の城門は、いくつが移築され現存しているか。

①6基　　　　　　　②7基
③8基　　　　　　　④9基

問009　都幾川と槻川の合流点の北側の台地上に築かれた平城で、付近を鎌倉街道が通っている。本郭の土塁は、明瞭に横矢掛となる城はどれか。

①玄蕃尾城　　　　　②杉山城
③菅谷館　　　　　　④勝瑞館

問010　『日本書紀』に、「筑紫国に大堤を築き水を貯へしむ、名づけて水城と曰ふ」と記載された水城の堀幅は、最大値で約何mと推定されているか。

①約20m
②約40m
③約60m
④約80m

問001　①富山城

昭和29年（1954）、空襲によって全市が灰燼と帰し約10万人が被災した富山市では、復興事業がほぼ完了した記念に富山産業大博覧会が開催された。水力発電の電源県として、電力産業と文化の発展をアピールする目的で、地方都市としては異例の予算3億5千万円が投じられた。会場は富山城址公園一帯と魚津に設けられた。富山城址公園には50余の展示館と、将来の郷土博物館としてRC造で富山城模擬天守が建設された。外観は、全国の現存天守（特に犬山城、彦根城）を参考にした三重四階の天守に、二重二階の小天守が連結する構造であった。模擬建物ではあるが、戦後復興期を代表する建物として平成16年（2004）に国の登録有形文化財となった。

問002　③八木城

内藤ジョアン（如安）は、八木城に生まれ、永禄7年（1564）頃、都の南蛮寺にて宣教師ルイス・フロイスより洗礼を受けた。小西飛騨守とも称す。熱心なキリシタンとして知られ、また茶人としても名高い。天正13年（1585）頃に小西行長に仕えた後浪人し、慶長18年（1613）、徳川家康のキリシタン追放令により、翌年、高山右近や妹のジュリアと共に呂宋（今のフィリピン）のマニラへ追放された。

問003　④真浄寺

笠間城本丸八幡台にあった二重櫓は、廃城に伴い明治13年（1880）、檀頭・園部清兵衛らの尽力により、慶長元年（1596）に開山した「日蓮宗 長耀山 真浄寺」の境内に移築された。現在は、七面大明神（弁財天とも呼ばれる）、三十番神、鬼子母神の三尊神をまつる寺のお堂「七面堂」として使用し、茨城県指定有形文化財に指定されている。昭和49年（1974）に解体修理が行われた。

問004　④蓮池御門

名古屋城は、国の特別史跡に指定され、天守、本丸御殿が再建されているが、その正門がかつての西之丸にある榎多御門。本丸へ至る大手門（正門）だったため、二之丸に政庁機能が移って以降も、藩主などしか出入りできない格式高い門であった。創建当初の門は、明治24年（1891）の濃尾大地震で大破したため、明治43年（1910）に旧江戸城内から蓮池御門を宮内省が移築し、「名古屋城正門」とした。その門も、昭和20年（1945）の名古屋大空襲で焼失したため、昭和34年（1959）の天守再建に伴い、玄関門として往時の外観を復元してコンクリートで再建された。

問005　③本丸西南隅櫓

名古屋城の現存する三つの隅櫓は、いずれも重要文化財に指定されている。本丸西南隅櫓は、本丸の南西隅に位置し、慶長17年（1612）頃に建造、東西約11.8m、南北約13.5m、高さ約14.1mと大規模な櫓で、外から見ると二重櫓に見えるが、内部は三階櫓となっている。2階西面と南面には、千鳥破風と石落が設けられている。最上階の3階、三つの隅櫓ではめずらしく天井が設置されている。

問006　④

小田原城本丸の北側に隣接する御用米曲輪は、御用米と呼ばれる江戸幕府のための米を保管する蔵が設けられていたために、この名が付けられており、徳川将軍家との強い結びつきが判明する。2010年度から2014年度に行われた発掘調査では、江戸時代の土塁や米蔵跡などだけではなく、戦国時代後期（16世紀中頃）の庭園跡が発見された。発見された庭園跡は石組の池跡などで、五輪塔や宝篋印塔の裏の平らな部分を表に用いており、赤い鎌倉石、黒まだらの風祭石、

灰色の安山岩である箱根石などを使用。色彩にも配慮したアレンジの小田原北条氏独自の庭園とされている。

問007　①水戸城

水戸城大手門の発掘調査で、大手門の脇に存在していた「瓦塀」が出土した。瓦塀とは、瓦と粘土を交互に積み上げて作った塀。江戸中期の明和元年（1764）に水戸城で大火災があった際、天守などの復興に併せて建設されたと考えられている。瓦塀は二重になっており、復元するとそれぞれ高さ約5ｍ、厚さ約2ｍ。門と土塁の間を埋めるためのもので、大手門の両脇で確認され、大手門の復元に合わせて「瓦塀」も復元された。

問008　④9基

膳所城は関ケ原の戦いに勝利した徳川家康が、前哨戦となった大津籠城戦で破損した大津城を廃し、新たに東海道・大坂方の押さえとして築いた水城。明治3年（1870）の廃城令でいち早く取り壊されて、城門などは近くの神社に移築された。家老屋敷や総門等の門を除いた城郭部分の城門の内、確証のある城門は9基、うち3基の城門が重要文化財である。城門は、伝二の丸北東の門、本丸土橋門、水門、北大手門、本丸犬走門、本丸黒門、南大手門、本丸北手水門、米倉門の9基である。

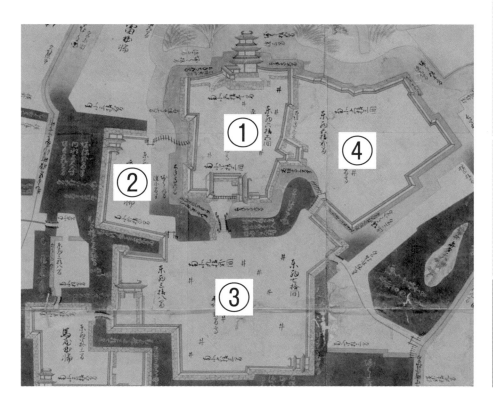

問009 ③菅谷館

鎌倉幕府の有力御家人として知られる畠山重忠の館跡。館跡中央のやや南寄りに平面長方形の本郭があり、その北側に二の郭、三の郭などを配置しており、それぞれの郭を土塁と堀で防備している。全周を廻る堀には多くの折りが使用され、虎口には全て横矢が掛かるような工夫が施されていた。中世館跡の遺構が残る例としては稀少な遺跡であり、保存度もきわめて良好だ。

問010 ③約60m

天智天皇3年（664）、新羅、唐からの攻撃を想定し、大宰府防衛のため, 水城堤防が建設された。土塁堤防状遺構、東西の門址・礎石などを残している。全長約1.2㎞×高さ9m×基底部の幅約80m・上部の幅約25mの二段構造の土塁で、東西の端部の東門と西門が開く。土塁の博多側の現水田面より5m下に、幅60m×深さ4mほどの外濠が存在する。昭和28年（1953）国特別史跡に指定。

© Nippan Segmo

公益財団法人 日本城郭協会

1955年2月に任意団体として設立され、1967年6月に文部省（現文部科学省）の認可を受けて財団法人になる。2013年4月に内閣府の認可を受けて、城に関する唯一の公益財団法人として活動。「日本および世界各国の城郭に関する研究、調査、啓蒙を通じて、民族、歴史、風土に関する知識の普及を図り、もって教育、文化の発展に寄与すること」（定款より）を目的としている。城郭に興味のある方なら、どなたでも入会可能。

《事務局》

〒141-0031　東京都品川区西五反田8-2-10 五反田グリーンハイツ302

電話・FAX 03-6417-9703　　http://jokaku.jp/

装丁・カバーデザイン・本文ＤＴＰ／有限会社ゼスト
編集協力／吉本由香
問題提供・協力／日販セグモ株式会社検定事業課

【公式】日本城郭検定過去問題集 改訂新版
―準1級・2級・3級編 ―

2023年4月12日　第1刷発行

監　　修	公益財団法人日本城郭協会
発 行 人	松井謙介
編 集 人	長崎　有
編　　集	早川聡子
発 行 所	株式会社 ワン・パブリッシング
	〒110-0005　東京都台東区上野3-24-6
印刷・製本	中央精版印刷株式会社

【この本に関する各種お問い合わせ先】
本の内容については　下記サイトのお問い合わせフォームよりお願いします。
https://one-publishing.co.jp/contact/
不良品（落丁、乱丁）については　Tel 0570-092555
業務センター　〒354-0045 埼玉県入間郡三芳町上富279-1
在庫・注文については書店専用受注センター　Tel 0570-000346

ワン・パブリッシングの書籍・雑誌についての新刊情報・詳細情報および歴史群像については、下記をご覧ください。
https://one-publishing.co.jp/
https://rekigun.net/